U0942693

培养孩子的领导力

李玉青 编著

北京工业大学出版社

图书在版编目（CIP）数据

培养孩子的领导力 / 李玉青编著 . —北京 : 北京工业大学出版社，2012.9

ISBN 978-7-5639-3219-1

Ⅰ . ①培… Ⅱ . ①李… Ⅲ . ①家庭教育 Ⅳ . ① G78

中国版本图书馆 CIP 数据核字（2012）第 191758 号

培养孩子的领导力

编　　著：李玉青
责任编辑：刘　畅
封面设计：汝俊杰
出版发行：北京工业大学出版社
（北京市朝阳区平乐园 100 号 100124）
010-67391722（传真）bgdcbs@sina.com
出 版 人：郝　勇
经销单位：全国各地新华书店
承印单位：唐山才智印刷有限公司
开　　本：787 mm × 1092 mm　1/16
印　　张：17
字　　数：214 千字
版　　次：2012 年 9 月第 1 版
印　　次：2021 年 1 月第 2 次印刷
标准书号：ISBN 978-7-5639-3219-1
定　　价：32.00 元

版权所有　翻印必究
（如发现印装质量问题，请寄本社发行部调换 010-67391106）

前　言

所谓领导力，就是一种特殊的人际影响力。组织中的每一个人都会去影响他人，也要接受他人的影响，因此每个人都具有潜在的和现实的领导力。在组织中，领导者和成员共同推动着团队向着既定的目标前进，从而构成一个有机的系统。在系统内部具有以下几个要素：领导者的个性特征和领导艺术，成员的主观能动性，领导者与成员之间的积极互动，组织目标的制定以及实现的过程。

系统是否正常取决于各要素能否协调地发展，而协调发展的关键就在于领导者和其他成员之间的互动，使双方互动形成统一的认识，是领导力正确发挥的必要条件。

领导力可以分为两个层面：一是组织的领导力，即组织作为一个整体，对其他组织和个人的影响力，这个层面的领导力涉及组织的文化、战略及执行力等；二是个体领导力，例如对于企业来讲，就是企业各级管理者和领导者的领导力。

组织领导力的基础是个体的领导力，如何突破和提升领导力，如何由一个领导自己的人成为一个领导他人的人，再成为一个卓越的领导者，是一个比较复杂的问题。

每个孩子都有成为领导者的潜力，每个孩子的未来都是不可限量

的，谁都不能断言，自己的孩子将来不能成为国家重要领导人，不能出席联合国会议，不能成为叱咤风云的将军，不能成为世界“500强”企业的领军人……从普通人变成领导人，并非偶然，这是父母培养教育的结果。

春种，夏耘，秋收，这是大自然的规律，没有播种与耕耘，就没有金秋的收获。“十年树木，百年树人”，培养孩子的领导力，需要家长尽心竭力，需要持之以恒的长期努力，这样才能让孩子获得心智与人格的成熟，才能让孩子获得领导能力的提升，才能让孩子健康成长。

本书比较全面、客观地阐述了孩子领导力的培养这个问题，并提出一些比较科学的教育方法。必定会对年轻的父母有所启发，从而能够让他们从新的视角来看待孩子，看待孩子领导力的培养，进而树立起培养孩子茁壮成长，成为未来领军人的信心。

目　录

第一章　培养孩子的独立性

凡具备领导能力之人，无不有着独立面对问题、战胜困难的素质，这样的素质来源于家长从小对孩子的独立性进行的培养。缺乏独立性的人永远不可能成为统帅，因为他还要依赖别人，又怎能领导众人去拼搏奋斗呢？所以，培养独立性是成就孩子领导力的重要基础。

第一节　让孩子用自己的头脑处理问题

现在的孩子不太喜欢动脑，或者说处于某些年龄段的孩子头脑思维还是直线型的，这一方面表现在人云亦云，另一方面表现在看问题与思考问题只浮于表面。在日常生活中，遇到什么问题，父母应顺便与孩子分析一下事实的真相，以及为什么如此，教会孩子用自己的头脑思考问题，做一个有主见的人。

孩子学习，对课本讲的东西是当做真理来信的。但是，课本中也会有错误。所以，应该告诉孩子：学习和做人，都要做到不唯书、不唯师、只唯实；做什么事情都要用自己的头脑去思考，人长了头脑，要会用，才能和其他的动物区别开来。

要想培养孩子解决问题的能力和综合思考能力，父母就必须能够意识到进入孩子大脑中的各种信息对孩子而言意味着什么。有媒体对小学五六年级的学生做了一次调查，主题是"未来的理想"。孩子的理想职业依次排列如下：男生是职业游戏玩家、运动选手、电脑专家、科学工作者；女生是老师、歌手、演员、服装设计师、播音员。

孩子的头脑是非常单纯的，觉得平时从电视里看到的明星们都很风光，于是大部分的孩子都会不自觉地把明星们的职业当做自己的理想。如果问他们"为什么想当运动员"，十有八九会回答"因为运动员帅啊"。没有特别的原因，这是形象上影响的即时反应，孩子们很难分辨看到的是真是假，他们通常会把看到的当成是真实的。那么有没有方法能让孩子们摆脱充斥于大脑中的形象信息，让他们向更实际的方向发展呢?

通过和大脑对话能培养思考能力。有的父母常常对孩子说"问问自己的大脑"，其实就是给孩子自己思考的时间。平时在学校或者各种培训班，

老师的教授非常详细明了，连学习要点都总结好了，孩子只要按照老师的要求学习，把老师传授的东西原封不动地放进大脑中就可以了，所以他不会自己思考和整理。这样是无法培养思考能力的。

不论什么事情，要先感兴趣、觉得好奇才能学习。学习的顺序基本都是这样的，首先让孩子就自己不明白的问题发问，然后让他集中精神听相关的说明，最后让他把学到的东西全面整理一下，只有这样这些东西才能成为孩子自己的知识。

上述的这个过程虽然是很常识性的，但是很多孩子的思考过程被忽视了。他们不是自己去寻找答案，而只是按照大人灌输的方式接受而已。这样的结果是，孩子遇到需要有理解能力和应用能力才能解决的问题的时候就会束手无策。这可以说是一种破坏孩子大脑的学习方法。你给了孩子多少让他自己思考的机会和时间呢？生活实践比培训学校里的考试题更能培养孩子的思考能力，因为生活实践会为大脑更发达提供更好的外部条件。

第二节　培养孩子的自立意识

父母应注意孩子内心的三个动力：干些什么的欲望；得到信任的需要；作出选择的渴望。

具体而言，父母应尊重孩子的独立意识，让孩子成为孩子自己，而不是父母的小影子、小尾巴。父母不是孩子的“手”、孩子的“脚”，更不是孩子的“大脑”，父母仅仅是孩子独立意识的“保护者”。当孩子说“我自己来”时，就让孩子自己来。当孩子想要“干些什么”的时候，就让他们自己干。这是孩子独立意识的萌芽。年纪小，不应该是一个依靠他人的借口。越是年纪小、经事少，越应该自己动手干一干。不要对孩子的“异想天开”、“以下犯上”横加指责。容许孩子“篡一下权”，天塌不下来。天还是那个天，地还是那个地，但孩子却经历了新的历练。给孩子一块安全的“自留地”，在这里，孩子该干什么、想干什么、怎么干、后果如何，都让孩子自己做主。对孩子独立完成的业绩及时作出反馈，积极的反馈会让孩子意识到自己的力量。家长的意见只是“参考”,不是“指导”,更不应该是“命令”，当孩子需要一臂之力时，给他应有的支持，也给他留下选择的权利。

父母应更新爱的观念，改变爱的方式，把学习的机会交给孩子，培养孩子自理的能力及对外界的适应能力，为其今后健康发展奠定良好的基础。但是这种爱的观念和方式往往被许多父母所忽视。一般情况下父母对孩子的疼爱表现在细致周到的照顾上，并事事代劳。殊不知这些父母在不经意间丢失了让孩子动手学习的机会，造成孩子的依赖性，使其失去适应周围环境的能力，实在令人遗憾。改变爱的方式就是要注重孩子独立性、自主性的培养。

父母应确定适当范围，支持孩子“自己来”。凡是孩子能自己做的事，必须支持他自己做，并随着年龄的增长不断扩大“自己来”的范围。同时，应耐心指导，教会技能。由于有的孩子年龄小，能力差，在尝试“自己来”时往往搞得一塌糊涂，这时父母应耐心指导，做好示范，教会孩子“自己来”的技能，帮助孩子进步、成功，从而获得足够的自信心。切忌苛求斥责，否则势必导致孩子形成胆怯、消极、缺乏自信的不良心理。

对此，父母还应经常提醒，持之以恒。许多事情孩子要“自己来”只是凭一时的兴趣。孩子的兴趣广泛却并不稳定，往往今天要自己做的事情明天就不感兴趣了。因此要使孩子从小养成自己的事情自己做的好习惯，必须靠父母的帮助和督促，经常提醒孩子按时去做该做的事。

自我服务能力是孩子走向自立的第一步。孩子能够管理好自己的吃、穿、住、行，就可以减少对他人的依赖。父母要鼓励孩子“自己的事情自己做”，让孩子逐步学会吃饭、穿衣等基本的生活能力，帮助孩子培养自

我服务能力。

家务劳动是锻炼孩子动手能力的好方法。劳动自立要从家务劳动抓起，孩子学会了做家务，也就学会了照顾自己的生活。孩子在做家务的过程中手脑并用，不但会促进大脑发育，激发求知欲，同时，还学会了独立思考，能够独立解决问题，这些都是自立必需的能力。

父母应教会孩子合理掌控时间。人的生命是有限的，学会合理地掌控时间才可以延长生命，活得更有效率。孩子要学会自立，就要学会安排自己的生活作息时间，孩子只有学会合理分配自己的时间，才能有条理地管理好生活。生活井然有序，才能用有限的时间创造更多的价值。因此，父母要教孩子学会合理掌控时间。

独立思考能力，是孩子学会自己解决问题的关键。孩子在自立的过程中，问题会层出不穷，父母可以故意给孩子不完整的答案，让孩子自己动脑去想另一半答案，逐步锻炼孩子的独立思考能力。

自己解决问题，是锻炼孩子自立的好机会。生活中孩子遇到问题时，父母不要急于代劳，要给孩子学会自立的机会。孩子在自己解决问题的过程中，会形成强烈的自我意识。父母可以采用间接的方式来帮助孩子，但切忌代劳。

第三节　让孩子进行自我管理

自我管理就是一个人对自己的思想、心理、行为进行自我约束的一种管理活动。自我管理也叫自我监督、自我评价、自我锻炼、自我反省。

可以说，能够自我管理的孩子，不管他们昨天的行为如何，以前的成绩如何，都会成为杰出的人。很遗憾，现在很多家庭和学校都忽视了“每个孩子其实都是‘自我管理班级’的老师，也是‘自我管理班级’的学生”，然后隔绝了这种管理以及管理中的角色转换。成绩不一定能成就一个人，但一个会自我管理的人一定是坚强、自信、有毅力、有良好的生活习惯的人，而这些在人的一生中是很受用的。

让孩子们学会自我管理，应从以下几点入手：

1. 培养孩子的自我管理意识

要想提高孩子的自我管理能力，首先要培养孩子的自我管理意识。有了明确的意识，孩子才会自觉把自己的需要和自我管理结合起来，像对待吃饭睡觉那样，对待成长过程中的自我管理。

英国首相温斯顿·丘吉尔在“二战”中和“二战”后，都是世界的风云人物。成名前，他的愿望就是从政、做首相，为此，他进行了长期的准备。他曾担任《晨邮报》的记者，到南非战场采访，并且积极写作，靠撰写文章赢得名声；参与上流社会的社交活动，发表演讲，树立政治威望……在奋斗过程中，他一直以高标准严格要求自己，凭借良好的自我管理意识，加上积极付诸实践，耐心等待时机，他最终实现了自己的愿望。

父母要帮助孩子认识到自我管理是促进个人成长和发展的重要途径，只有这样，孩子才能有效地管理自己的思想、言论和行动的意识，自觉地管理自己，将自己的潜能发挥到最大。

2. 掌握科学的自我管理方法

科学的自我管理方法的形成需要父母的引导和帮助，然后在实践中孩子才会慢慢掌握。父母可以为孩子介绍自己或成功人士的自我管理的经验，让孩子学习和效仿，帮助孩子探索适合自己的自我管理新方法。下面是三种行之有效的自我管理方法：

（1）系统科学的自我管理方法。此方法是将孩子的成长作为一项系统的工程去研究、设计和管理，对孩子的成长和发展进行分析，使孩子的成长更加符合教育和成长的规律。孩子在成长的过程中肯定会遇到很多困难，也会做出错误的决定，影响孩子的发展。向孩子解释系统的自我管理方法，孩子遇事就可以多进行逻辑推理，找出最佳方案，少走弯路。

（2）行为科学的自我管理方法。行为直观地体现在每个人身上，受孩子思想的支配而表现在外面，人们评价孩子也往往通过他的行为。从行为进行评估和纠正，可以帮助父母把一些不正确的思想消灭于萌芽状态，帮助孩子实现思想和行动的统一。

（3）预见未来的自我管理方法。预见未来的自我管理，是源于对客观事物正确认识基础上的科学预见，帮助孩子预见某种决定或行为的后果，能够大大提高孩子成长道路上的自觉性，减少盲目性，使孩子的人生获得主动权。

帮助孩子掌握科学的自我管理方法，孩子就会学习用科学的方法来管理自己。父母要让孩子结合实际情况，运用合适的方法，帮助孩子管理自己。

3. 让孩子学会管理自己的生活

父母在生活中总是为孩子包办代替，这会使孩子形成“只要我不愿意做的事情，父母就会帮我去做”的意识。因此，父母要通过各种形式让孩子知道，自己已经长大了，要学会自己的事情自己做，更要让孩子意识到，自己有能力管理自己的生活。在信心的鼓舞下，孩子会很好地管理自己的生活。

孩子能否管理好自己的生活，是自我管理能力中最重要的。如果孩子连自己的生活都无法管理，那么，就很难相信他会在其他方面更好地管理自己。

只要孩子可以做的，父母就不要代办。衣服脏了，教给孩子如何去洗；

房间乱了，教给孩子自己去整理……父母可以在小事中逐渐锻炼孩子的自我管理能力。

4. 让孩子学会管理自己的情绪

孩子在成长过程中，各方面都很不成熟，遇到不顺心的事情时，总会表现出情绪不稳定，偶尔会大喜大悲，偶尔会焦躁不安，而善于管理自己情绪的孩子，在这方面的表现就不会这样，他们会合理把握自己的情绪，知道应该如何控制和释放自己的情绪。

父母可以和孩子达成一定的协议，比如当孩子因为父母不给他买某件东西而大哭大闹时，可以用事先约定好的语言或目光暗示孩子，孩子看到后，就会静下心来反思自己的行为，用文明的方式来表达自己的意愿。

有个小男孩脾气很暴躁，有一天，爸爸给了他一袋子钉子，告诉他，每次发脾气或者和他人吵架时，就在家里的篱笆上钉一根钉子。第一天，男孩钉了37根钉子，以后的几天，他稍微学会控制自己的情绪了，每天钉的钉子也变少了，并且他发现，控制自己的情绪并不难。

终于有一天，他一根钉子都没有钉，他高兴地把这件事情告诉了爸爸。爸爸对他说："以后只要你一天没有发脾气，就可以拔下一根钉子。"日子一天天过去，最后钉子都拔光了。

他高兴地带爸爸来到篱笆边，爸爸语重心长地对他说："孩子，你做得很好，但是你看看篱笆上的钉子洞，这些洞永远也不会恢复了。就像你和一个人吵架，说了些难听的话，就好像是在他人心里留下了一个伤口，无论你怎么道歉，伤口总是在那儿。你的朋友是你宝贵的财产，所以不要去伤害他们。"

父母只有让孩子学会管理自己的情绪，孩子才能逐步纠正发火、骂人、说脏话等不良习惯。孩子在说脏话的时候，可能也意识到了自己的错误，但是已经成为习惯了，所以改正起来很困难。针对孩子的具体情况，父母要教育孩子正确对待与他人的摩擦，以宽容的心态来原谅他人的过失。

同时，父母还要帮助孩子找到适当的宣泄方式，如：鼓励孩子把不开心的事情告诉父母或是其他人，以缓解内心的不快，还要教孩子不要轻易流露出自己的情绪，要学会用合适的方式来调整自己。

此外，父母还要注意在日常生活中培养孩子乐观、幽默的性格，以此来让孩子更好地管理自己的情绪。

5. 让孩子学会管理自己的学习

孩子到了上学的年龄，父母就要教给孩子在学习中应注意的事项，以及在学校里应该注意的常识，比如要爱护和整理书包、课本、文具，正确使用文具，并且要教孩子能按照老师的要求制作简单的教具等。

父母要给孩子学习的自由，不要代替孩子做作业或是帮助孩子检查作业，父母那样做，孩子就会认为那是父母的工作，自己就不会检查作业了，对学习的兴趣也会降低。父母要让孩子学会自己学习、自检作业，锻炼孩子的自我管理能力。

在孩子学习的过程中，父母还要注意，当孩子的学习和其他事情发生冲突时，要引导孩子协调好学习和其他事情的关系，让孩子把主要注意力放在学习上面，然后在此基础上去做其他事情，这样才是一个学生应该做的。

第四节　给孩子体验生活的机会

让我们先来看看一个新西兰妈妈的故事：

在新西兰，很多孩子到了一定的年纪就去送报纸，赚取自己的零用钱。他们每天下午放学以后就把报社送到订户家的一批报纸，挨家挨户地送到每一个信箱里。而报社会隔一段时间就招聘送报纸的孩子，因为送报纸的孩子一般从 11 岁到 14 岁之间，过了 15 岁，那些孩子就会选择去快餐店打工了，所以需要不断补充送报纸的孩子。

陈女士一家安定下来之后，陈女士就对儿子说："你也可以去送报纸，这样以后你就有自己的零用钱。更重要的是，你可以尝试赚钱的滋味。"可是那时候陈女士的儿子小亮才刚十岁，没有达到送报纸的年龄，所以事情就搁在那里了。有一天，小亮的朋友打电话给小亮说，他兼了两份送报纸的差使，现在他只想送一份，另外一份的线路就在小亮家附近，问小亮想送吗。小亮一口答应。陈女士也认为，既然那个孩子也不到 11 岁，那么儿子也没有问题。所以孩子们自己就打电话去报社敲定了这件事情。当然，最后还是要家长亲自跟报社管发行的负责人确实无误才算完全定下来。

从此，小亮就开始了他长达三年的送报生涯。小亮第一次送报纸的时候，小小的一个人背着硕大的书包，驼着背挨家挨户把报纸塞到信箱里，那份专注和辛苦，看得陈女士心里真是有点儿心疼。但这是他自己选择的工作，所以再苦他也要坚持。有时候

报社会增刊，那么报纸就会比平时多一倍，这样的时候，陈女士或者先生就会帮他背一些，减轻他的负担。

送报纸的线路虽然不太远，但绕来绕去的，花费的时间很多，基本上小亮送一趟都要一个多小时，每次都是满头大汗地回来。开始的时候，小亮没有小推车，想去买一个，可是非常贵，而送报纸的钱也没有几个，小亮想想不合算，就还是背着大书包送。后来每年一次倒大型垃圾的时候，陈女士就跟儿子一起开车出去寻找有没有可以用的小推车，后来，小亮捡了现在这辆小推车，父亲给他修了修后，就一直使用到现在。

小亮在国内的时候，从没有想到赚钱是如此的不容易，现在他用自己的汗水积攒着他 16 岁以后才可以使用的钱——他在银行里有一个户头，但按规定他要到 16 岁以后才可以使用，连父母都不可以动用他的钱——真是一分钱都舍不得花。后来习惯了，即使用父母的钱买文具书本，小亮也是拣最便宜的买，他知道赚每分钱都像他送报纸得来的那么辛苦。陈女士想，国外的家长让孩子从小送报纸就是这个意思吧。

现在小亮还在继续送报纸，风雨无阻。他说等到他到了合法的打工年龄，他会去肯德基或麦当劳打工，那会赚更多的钱。陈女士问他："你会怎么使用你的钱呢？"他说，他想利用这笔钱到欧洲去走一走。新西兰的很多年轻人都是靠自己打工赚来的钱去世界各地旅游的，陈女士觉得这样非常好。

除了送报纸体验赚钱的艰辛之外，陈女士还让小亮参与家庭的各种劳动，比如割草和剪枝。陈女士家花园里的草到夏天的时候每周要割一次，小亮只要有时间都会参与；有段时间陈女士家修建栅栏和装修房子，所有的场地整理工作都是小亮做的，那段时间正好是小亮放暑假，天气很热，但他每天跟父亲一起挖坑埋柱、清理泥土。陈女士觉得，这些生活的艰辛，也应该让他体验到。

一个不知道生活艰辛的人其实也是个不懂得体谅、不知道负责的人。钱对这样的孩子来说只是一个模糊的概念，而对于他最清楚的是：钱总是从父母那里伸手就可以要来的。来得太容易了，就不会珍惜。这时候父母就是再苦口婆心地教育都是没有用的，反而孩子会认为父母小气。而这样的孩子长大以后到了社会上，如果他得到了一份比较辛苦却没有多少钱的工作，那么十有八九他是不会干下去的，他会到父母那里继续轻松地伸手要钱；如果父母已经不能满足他的要求了，那么他会做些什么呢？可想而知。即使拜他的天赋和运气所赐，他得到了一份收入高而且轻松的工作，他也不会珍惜，心高气傲瞧不起别人的心理会时时表现在脸上。一个人若是缺乏对辛劳困苦的体验，是不容易理解和关怀别人的，而现代社会缺乏的恰恰就是理解和关怀。

经历了艰辛、体验了生活，即使父母什么都不说，孩子也明白了自己该怎么做。越是独生子女、越是家庭富有的孩子越应该经过这样的历练，这样对他其实是最好的。即使他现在不知道感谢父母，等他长大了，他也会为父母为他提供的这一切而心存感谢的。因为这是对他的一生负责。

第五节 放手让孩子自己去做

鼓励孩子做自己能做的事情对孩子的成长很有益处。孩子在看到自己的劳动成果时会有一种成就感，这种成就感会唤起孩子的自信，而这种自信心也是孩子取得成就的潜在动力。自己的事情自己做，能培养孩子独立工作和独立生活的能力。

父母还要培养孩子做事的条理性。可以建议孩子保持卧房的整洁，让孩子学会整理房间，叠被子和自己的衣服；晚上睡觉前把自己的东西收拾好，把玩具放在橱柜里等。整理玩具和衣物这些基本的动作，有益于孩子手眼协调能力的发展，同时还能让孩子学会自理。自理能力对孩子的成长特别重要。

其实，父母多给孩子动手的机会，就能很好地培养孩子的独立意识，不用亲自去帮助他，只要教会了孩子解决问题的方法，这就是对孩子最大的帮助。

有些事情要让孩子去试一试才知道行不行，光靠判断就下结论，往往不正确。父母应鼓励孩子、支持孩子尝试，让孩子去发掘自我、体现自我。有很多父母总以为孩子做不好，实际上孩子的表现往往出乎大人的意料。可见，在日常生活中，父母不妨给孩子承担责任的机会。这样，孩子的责任感、勇气、自信和能力就会令人惊异地表现出来，并不断得到强化。

当孩子开始意识到自己的存在时，便会强烈地要求自主，什么都想自己去做，这种独立性的要求是合理的、积极的，是他们生理和心理发育的需要。

对这时期的孩子父母要注意倾听和尊重他们的意见，这能形成孩子独立的精神和自信、勇敢、沉着的好品格。这时候，父母就要放手，让孩子自己做决定。

首先，家长要放开手脚，学会做个“懒人”。当孩子的身心发展到一定的水平，他们已经具备了自己解决问题的生理和心理条件，家长若剥夺了孩子的锻炼机会，便会在无意识中扼杀孩子独立分析问题和解决问题的能力。所以，家长在日常生活中应该放开手脚，学会做个“懒人”。凡是孩子自己的事，家长就要放手让他独立去做。比如说，让孩子自己整理房间，也许孩子在第一次的时候还不能把房间整理好，但是只有孩子有了第一次的尝试，才能够积累经验，下次才会做得更好。孩子在学习的过程中，出错在所难免，家长可以给予一定的帮忙，但千万不能包办代替。家长让孩子自己独立去面对问题、解决问题，这才是对孩子的最大帮助。

其次，家长还要培养孩子的独立意识和能力。国外的许多父母在假期中让孩子出去打工，体验生活的艰辛，到了一定的年龄，就让孩子去独立生活。在这样的家庭教育中，孩子经受了实践的锻炼，逐渐具备了独立的意识和能力，可是中国的许多家长就缺乏这方面的意识。要想让孩子具备独立解决问题的能力，家长应该解放思想，放手让孩子独立分析、解决自己遇到的问题，让孩子明白遇到事情要冷静，积极设法解决问题，而不是消极等待。比如说，让孩子自己选择穿什么衣服；当孩子与他人发生矛盾时，让孩子自己去处理；在有关孩子的事情上要征求孩子自己的意见。或许在此过程中,孩子才渐渐成熟起来。家长要引导孩子独立思考、勇于实践，帮助他们不断地成长起来。

再次，家长还要给孩子设置疑难问题，提高孩子的独立生活与独立解决问题的能力。在生活中，有很多很多解决问题的机会，家长可以把这些机会推给孩子。家长可以先从日常一些小事入手，让孩子自己去做，自然而然孩子的能力就得到了发展。父母都希望自己的孩子成为一个有能力的人，那就应该有促使孩子成长的实际行动，要给孩子提供机会，让孩子真正去解决问题，通过这些，孩子才会很快地长大，孩子的独立分析和解决问题的能力才能提高。

最后，家长要用欣赏的眼光看待孩子解决问题的方式及能力。家长首先要做到的是相信孩子，尽管孩子所做的并不能尽善尽美，但做了就比不做强。孩子毕竟是孩子，他们眼中的世界与成人是不同的，他们解决问题的方式及能力也许不合乎我们的观念，但是我们要用一种欣赏的眼光看待，给予孩子一个欣赏的眼神，给予孩子一个鼓励的行动，这些都能给予孩子

无穷的力量。孩子会在这些眼神和行动中更积极地去解决遇到的问题。孩子是我们的未来，他们将独立地面对未来的社会，独立地面对一切问题。我们不能给予孩子未来的一切保障，能给予孩子的只是独立解决问题的能力，但是当我们真正给予孩子解决问题的能力时，就等于给予孩子一切。

第六节　帮助孩子克服依赖的习惯

现在独生子女越来越多，家长的过分溺爱使得孩子有越来越多的依赖性。这种严重影响孩子成长与发展的依赖心理，如果得不到及时矫正，不仅会导致孩子的心理畸形，而且还会削弱孩子在生活中的抗磨难能力。因此，父母应该从小就帮助孩子克服过分依赖别人的习惯。具体可参考以下几点：

（1）增强孩子的自信心。有依赖心理的孩子常常缺乏自信，自我意识低下，这往往与童年时期的不良教育有关。如有的家长往往说些“瞧你笨手笨脚的，让我来帮你做”这样的话。父母要培养孩子有一个正确的心态，然后一条一条加以认知重构，逐渐培养和增强孩子的自信心，这样才能帮助孩子不再依赖别人。

（2）让孩子认识到依赖心理的危害。要纠正孩子平时养成的依赖习惯，提高孩子的动手能力，父母就要告诉孩子，不要什么事情都指望别人，遇到问题要做出属于自己的选择和判断；如果现在事事都依赖别人，那么将来受苦的只能是自己。

（3）放手让孩子去做力所能及的事。孩子的特点是好奇好动的，一般都愿意参加一些活动。父母要尽早让孩子练习一些基本生活技能，如穿衣、穿鞋、擦桌子，独立完成简单的委托任务。凡是孩子能够做到的，父母尽量不要插手，给孩子足够的时间去思考、尝试，让他发现自己的能力。孩子感觉自己有能力去做好某件事时就会果断地去做，开始，他会出一些问题，但经过几次锻炼，他就会做好自己的事情。有些父母觉得孩子做事慢，因此不愿意让孩子做家务。如此一来，不但养成孩子依赖的心理，更容易让孩子丧失对家务的参与及责任感。

（4）培养孩子奋发自强的精神。父母要教导孩子，及时调整心态，拥有健全的人格和良好的社会适应能力。父母要让孩子自觉地在艰苦环境中磨炼，在激烈竞争中摔打，勇敢地面对困难和挫折。

（5）培养孩子独立的人格。父母要让孩子知道，每个人都需要别人的帮助，但是接受别人的帮助也必须发挥自己的主观能动性。一个把自己的命运寄托在他人身上，时时事事靠别人指点才能过日子的人，是很难有所作为的。

（6）做孩子的榜样。父母在思想上、行动上、言谈中为孩子做出好榜样，是最重要、最有效的方法。孩子十分注意仿效他们所喜欢、所尊敬的大人，譬如对父母的一言一行，跟着学，跟着说，跟着做。父母应该自觉地注意自己的一言一行，不断提高自己的道德修养，对自己存在的思想、习惯和行为方面的毛病要“改正”，实行“自我教育”。

孩子在成长过程中，会不断地学习他人的行为，并对其产生认同。因此，如果能够利用榜样的作用，对孩子摆脱依赖及促进其独立自主，也能产生一些积极的效果。在学龄前，儿童所认同的对象是父母，当孩子出现模仿家长而产生自理行为的时候，应该给予及时的鼓励。

（7）让孩子多向独立性强的同学学习。让孩子多与独立性较强的同学交往，观察他们是如何独立处理自己的一些问题的，向他们学习。同伴良好的榜样作用可以激发孩子的独立意识，改掉依赖这一不良习性。

（8）鼓励孩子下决心。一个人在做出一个决定之前，需要考虑利弊得

失，再做出最佳选择。父母应在一定范围内给孩子充分自主的机会，让孩子有自我决策和选择的权利，凭自己的思考、能力去决定做什么事，如何做。

第七节　培养孩子的主动性

培养孩子的主动性，父母可以从以下几点入手：

（1）鼓励。鼓励孩子主动与其他的孩子接触，鼓励宝宝不要害怕友好的陌生人，父母的鼓励会是孩子前进的动力。

（2）多带孩子接触外界。孩子对外界事物了解得越多，陌生感和恐惧感就会减少，这样在与人交往时就会多一些主动性。多带孩子参加一些集体活动，让孩子学会与别人沟通。

（3）给孩子自己完成事情的机会。孩子的主动性并不是单纯地表现在与人打交道上，还表现在对事情的热情上，有些家长将孩子的事情大包大揽地全部承担下来，别说这样锻炼不了孩子的自理能力，就连孩子对事情的主动性也会抹杀掉。父母应该让孩子了解某些事情是需要自己去做的，也需要对事情有一种热情的态度。

（4）制造困难。孩子的好胜心其实很强，对自己觉得简单的事情并不放在心上，那么家长就应该有意识地将某件事情提高难度，这样孩子对完成这件事情就产生了兴趣，这就是孩子的主动性。

（5）给孩子找一个榜样。说是榜样其实也可以说成是竞争对手，多数孩子，不希望自己输给别人，别人做的事情自己也想去效仿，而且希望自己做得更好，这就是孩子们的天性，家长应该利用这个天性去启发孩子的主动性。

（6）给孩子选择的权利。任何事情家长都给安排好了，甚至连今后的路怎么走都计划得妥妥当当的，孩子在其中只能扮演木偶的角色，那试想一下孩子还会对生活感兴趣吗？这样一来，孩子自然就丧失了主动性，认为只要按着父母的意思做就好了。

（7）增加孩子的兴趣点。做任何事情都需要有兴趣，这样才能对这件事情有一个主动性，孩子的兴趣点多了，主动做的事情也就多了。

在培养孩子的主动性时，父母应注意，过分督促孩子是不妥当的，有的家长生怕孩子落后，孩子动作慢了一点儿，忍不住要催促。孩子做作业，忍不住要去指指点点；成绩差了几分，少不了要警告几句。他们认为督促孩子越多，孩子进步就会越快。其实这样的结果往往事与愿违。

老是被人督促着学习，孩子就非常被动，时间长了，就失去了学习主动性。适当的提醒、督促是必要的,但督促最终是为了孩子自己主动去学习，所以督促只能适当,而且要讲究方法。比如孩子玩得久了,家长可以说:“你准备什么时候做作业呢？”提醒孩子学习要自己安排，如果家长每天老是命令说：“该做作业了，不要玩了！”这就使孩子没有了主动性。

培养良好的生活习惯，父母也不能过分督促，而应该提出要求，就要求孩子一定做到。养成习惯不在于每天催促，而是要求每天做到。有的家长不停地催促：“起床起床！快点，快点！”谁知道越催促，孩子越拖拉、越被动。有的家长做得很不错，告诉孩子每天必须做到按时睡觉和按时起床，别的暂时不要求，让孩子感到这件事的重要。之后，孩子有做不到的时候，家长非常坚决、简单地说：“必须做到。”不许拖拉和讨价还价。孩子做到了，就给予夸奖。这样才能促使孩子的主动性得到更好的发展。

总之，家长的督促要着眼于孩子主动性的发展，不少孩子学习成绩差、生活习惯差，往往不是因为督促太少，而是因为督促过分，使孩子失去了主动性。

在培养孩子学习的主动性时，父母应尽量创造适宜孩子学习的家庭气氛。学习是一种独特的大脑活动，需要适宜的气氛。这种良好气氛是保证

孩子形成主动学习状态的重要条件。对此，家长要注意以下几点：

一是切忌说教气氛，注重一点一滴养成。

有家长认为，要求孩子好好学习必须经常说很多道理，其实不是这样，家庭教育要注意养成好习惯，注重潜移默化，孩子良好的学习习惯依靠一次次地重复以成自然。浓厚的学习兴趣依靠一点一滴培养起来，令人乏味的说教会破坏适宜学习的气氛，所以家长要学会说短话，保持正常的家庭气氛，让孩子感到平和、宁静、有安全感。

二是切忌严厉气氛，注重营造宽松。

严厉的气氛并不适宜大脑思考，学习是大脑的活动，大脑如果处于恐惧和惊惶之中，是不可能出现积极状态的，用脑需要宽松的环境。有的家长在孩子做作业时，守在一旁，孩子稍稍做错了一点儿，就厉声训斥，甚至一耳光打过去。这种紧张的气氛使孩子恐惧，大脑的思考被严重抑制、扰乱，严重妨碍孩子的学习。

三是切忌支配气氛，注意让孩子主动。

家长要用心创造一种气氛，就是让孩子自己主动学习，而不是每天放学回到家就听从安排，什么时候做作业，什么时候玩，形成一种绝对支配和被支配的气氛，这对孩子学习是不利的。比如一年级孩子刚上学，回家肯定要问家长："妈妈，现在可以玩吗？"这时家长要指导孩子开始学会自己安排学习和玩耍，家长可以说："你能自己安排吗？不会的妈妈帮你。"这样可以发展孩子的主动性，让孩子学着自己安排学习。

第八节　增强孩子自我保护的能力

据有关部门统计，我国中小学生每年在意外伤害事故中死亡人数在万人以上，平均每天有一个班的学生因意外伤害事故死于非命。这是惊人的惨痛事实。

儿童、青少年处在一个特殊成长时期，阅历相对简单，社会经验不够丰富，鉴别是非的能力也比较弱，比较容易受到自然灾害、意外事故和社会不良行为的伤害，尤其需要强化自我保护。

孩子在成长过程中，常常有遭遇危险的可能性。父母要在危险发生之前，给孩子做好预警，教育孩子规避各种危险，安全、顺利地成长。

姜亮是在爸爸30多岁的时候出生的，所以爸爸对他很宠爱。在他家的附近有条小河，孩子们经常在夏天的时候去玩。姜亮的爸爸怕孩子有危险，从来都不让他下河。即使孩子再三要求，他也不肯让孩子去。

有一天，爸爸在电视上看到一则报道：某个地方，有的孩子因为不会游泳，在洪水来临的时候不幸被淹死了。这时，爸爸才意识到要帮助孩子学会游泳，也要让孩子掌握基本的自救常识。

后来，爸爸亲自带他去河里，手把手地教他游泳，还给他讲了如何应付水中的各种突发情况。在爸爸的教育下，姜亮很快学会了游泳，并且过了一段时间，他就可以和伙伴们一起玩耍了，在安全问题上从来没有出现过差错。

再来看看下面这个例子：

欢欢今年刚上幼儿园，是个很喜欢帮妈妈做家务的孩子，但因为不懂得安全常识，出现过不少安全问题，可是欢欢的妈妈没有意识到这个问题。

这天欢欢要帮妈妈洗衣服，妈妈当时忙着做其他的事情，也就没有顾上她，让她自己去做了。欢欢之前看过妈妈洗衣服，但是没有注意到很多细节的处理。

她把衣服放进洗衣机，放好洗衣粉，就用湿手去按开关，突然被电着了，吓得她摸着自己麻麻的手，不知道该怎么做。

还有一次，她用手去接热水器中的热水洗手，结果把手给烫红了。其实，如果妈妈事先教给她怎么注意安全，就不会发生这些事情了。

据统计，因窒息、溺水、车祸、跌落、中毒等意外伤害引起的死亡，占我国孩子总死亡人数的50%左右。因此，加强对孩子的安全教育，提高未成年人的自我保护意识和能力，减少意外伤害，是非常必要的。父母要教给孩子正确的安全知识，让孩子学会自我保护，这是父母义不容辞的责任和义务。

当今社会，安全事故频繁，安全隐患众多，父母教给孩子安全知识，既让他保护了自己的安全，也保证了别人的安全。但很多父母却采取了不当的方式。

有的父母对自己的独生子女疼爱有加，时刻担心他们的安全问题，不但上学放学要亲自去接送，放学后还不允许孩子出门和小伙伴玩，家用电器、炉具等一律不让孩子接触。父母这样的做法，只是保证了孩子在自己视线范围之内的安全，无法保证孩子不在父母身边时的安全，所以从根本上来说，父母的这些举措不会起到理想的教育效果。

要想让孩子安全地成长，最重要的还是要教孩子学会保护自己，自觉树立安全意识。教他能处理各种突发事件，学会珍惜自己的生命。懂得自我保护的孩子，即使父母不在身边，也可以很好地使自己不受到伤害。他们可以分辨社会上哪些现象是安全的，哪些是不安全的，遇到对自己不利的情况，也会及时想办法解决。

现在社会中有很多不适合孩子接触的东西，会影响孩子的价值观和世界观。孩子要在父母的教育下，明白什么是好的，什么是危险的，提高辨别是非的能力。

此外，对于时有发生的拐卖儿童的案件，父母应该提前告诉孩子这些社会现象的存在，让孩子学会判断，孩子知道了骗子、坏人常用的方法和技巧，就可以提高警惕，遇到类似情况可以正确应对或是及时寻求他人的帮助。

下面有五招能够让孩子增强自我保护意识：

1. 让孩子掌握基本的安全知识

有一个八岁的孩子，看到灯泡会亮，就自己找来了一个灯泡，用金属丝去接电源，结果触电而死。如果这个孩子事先懂得了用电安全，就不会出现这样的悲剧了。

因而，父母应该把基本的安全知识教给孩子，如家用电器的使用和安全注意事项；煤气炉具的安全使用方法；化学物品、药品的正确使用；上学和放学路上要和同学结伴走；不要随便吃陌生人给的食物；注意保护身体，不能因危险的情况使身体受伤等。

孩子天生好奇、好动，心智处于发展阶段，对意外伤害事件缺乏足够的警惕性和预见性，父母帮助孩子掌握基本的安全知识，就是从根本上保护孩子。

2. 教给孩子发生意外时的应急措施

让孩子懂得应急措施是非常必要的，比如遇到意外，要学会打报警电话，如 110、119、120 等；懂得一些基本的医学常识，如急救的方法；万一被坏人强行带走，要懂得找机会逃脱等。危险和意外是时时存在的，

如果不给孩子讲清楚，那么孩子在遇到危险和意外的时候会束手无策，不能及时化解危险。父母要从身边的小事入手，教孩子掌握基本的应急措施。

舟舟是个勇敢的孩子，放学后经常自己回家。回家的路上要经过一个胡同，以前从来没有出现过什么状况，所以父母也没有意识到会有危险存在。但是舟舟平时看书时，学到了一些回家路上应该注意的安全知识。

这天在回家的路上，他被几个小混混勒索，让他交出自己的钱，看舟舟身上的钱很少，对方就要求他给家里打电话拿钱，才能放他走。舟舟灵机一动，说自己有银行卡，可以去银行取钱，那些人相信了舟舟。舟舟在窗口办理业务的时候，抓住机会给工作人员写了张纸条："那几个人是坏人，帮我打110。"舟舟对他们说要等待办理，于是他们在一边等着。没过多久，几个警察进来了，舟舟顺利地脱险了。

孩子自幼生活在父母的保护之中，很少接触外界的各种危险，但孩子总是会长大的，总有一天会离开父母的怀抱，自己生活和学习，独自面对各种意外，并且，有些意外父母也是措手不及的，父母应该教孩子一些发生意外时的应急措施，这比时刻在孩子身边呵护更能有效地帮助孩子。

父母可以教给孩子简单的医疗常识，如身体受伤时的处理。受伤的种类很多，有划伤、烫伤、骨折、脱臼等。划伤一定要先止血；烫伤一定要注意用冷水降温，并保证伤口的清洁；对于骨折和脱臼的情况，不要随便动，而要等专业医生进行处理。

3. 让孩子掌握交通安全知识

据报道，每年英国都有上万名孩子在交通事故中受伤，其中，17%的小孩不足5岁，此外还有35%的孩子年龄为5～9岁。其实，如果父母及时教给孩子交通安全知识，很多交通事故都是可以避免的。

在孩子小时候进行室外活动时，父母就要让孩子知道躲避汽车，不要在马路中间玩，不要任意横穿马路，要告诉孩子面对前面和后面的车辆时如何躲避。比如，当汽车从后面开来的时候，妈妈不要表现出惊慌，而要沉着地牵着孩子的手，避到近侧的路边。过路口时，要让孩子记住走人行横道，看红绿灯等。

秦斌今年上初二，是个很调皮的孩子。他上学放学都要骑自行车，他喜欢和很多同学一起排一个很宽的自行车队，形成很壮观的场面，路上的车辆只得给他们让路，不过，他还从来没有出现过意外。

可是这天，前面一个孩子的自行车碰到了一块石头，车子不慎倒地，后面的自行车就像多米诺骨牌一样，都被带倒了，每个孩子身上都受了伤，秦斌的门牙竟然被磕掉了，左手也不幸骨折。

爸爸了解情况后，虽然很心疼，但他抓住机会教育孩子，让秦斌真正意识到遵守交通规则的重要性。

父母还可以利用图片和儿歌等形式，教给孩子最基本的交通标志和规则：红灯停，绿灯行，不要逆行等。孩子看动画片时出现一些关于交通方面的画面，父母一定要特意为孩子强调交通安全的重要性。要对孩子反复强调，培养孩子遵守交通规则的安全意识，这样才会尽量避免出现交通事故。

据统计，中国每年发生在自行车上的交通事故就达27000次以上，其中三分之一发生在低于15岁的孩子身上，而实际人数可能会超过这个比

例。所以，父母还要教育骑自行车的孩子，应该与其他车辆保持适当的间距，这样即使出现事故，也不会导致严重的后果。父母还要提醒孩子经常检查车况。

4. 让孩子掌握家庭安全知识

家庭生活是美好的，但是生活中也处处隐藏着危险。孩子大部分的安全事故是发生在家庭周围，比如有的孩子从楼梯上摔下来，还有的孩子触电身亡等，如果父母有安全意识，就不会发生这样的事情了。

父母如果有家庭安全意识，能够预想到家庭生活中经常出现的问题，告诉孩子如何避免这些问题，那么孩子遇到的危险和意外就会减少。一般家庭中都有很多家用电器，有很多开关、插座，这都潜伏着一定的危险性，所以父母要经常教育孩子，在不了解使用方法前，不要乱动电器。父母还要教孩子学会使用燃气，以防燃气中毒和爆炸等危险。

周日的早晨，晨晨的妈妈在电脑上查资料，突然记起厨房里煤气上面的水壶。她让晨晨去看看，告诉估计水快开了，孩子听话地去了。可是没几分钟就着急地跑过来，让妈妈去看看。妈妈跑过去一看，只见厨房的窗户已经打开了，煤气的火已经灭了，阀门也已经被关上了。

晨晨说自己进来的时候，水壶里溢出的水已经把火浇灭了，她马上将阀门关闭，打开窗户。妈妈不禁对她竖起了大拇指。晨晨脸上露出了骄傲的笑容，妈妈也暗自庆幸，多亏平时在安全方面对孩子教育得到位，否则孩子也不会从容地面对了。

此外，父母要经常给孩子讲解家庭安全用电常识，增强孩子的自我保护能力。父母要保证家用电器的接线正确，将电源插头、插座布置在幼儿接触不到的地方，不要让孩子用湿手去触摸带电的家用电器，不要用湿布擦拭使用中的家用电器，修理家电时必须先切断电源，发现家用电器出现问题，不要私自拆卸，而要请专业人士修理。

父母平时做家务时，要一点一滴地教给孩子有关水、火、电的安全知识，让孩子对安全有所了解，遇到紧急情况，孩子同样能发出警告，及时解决；也可以对孩子讲故事、做游戏等，让孩子在父母形象的教育中掌握家庭安全知识，更好地保护自己。

另外，还要让孩子保证饮食安全。变质、腐烂的食物不要吃，注意各种食物之间的不同搭配，根据孩子不同的年龄段，制定有针对性的安全饮食措施等。

5. 让孩子掌握公共场所安全知识

父母还要让孩子学会在公共场所进行自我保护。父母要教给孩子，在公共场合遇到陌生人送给他玩具或是食物时，要保持警惕，予以拒绝，不要轻易相信陌生人的话。

父母要告诉孩子，在公共场合遇到外来威胁、受到伤害时，要首先找警察，假如附近找不到警察，在公园、商场、电影院等都会有保安，可以向他们求助，并且要记住犯罪者的性别、面貌特征等，说明事情发生时的具体情况。

父母要告诉孩子，如果在商场和父母走丢时，要原地等待，不要自己没有目的地去找父母，更不应该离开商场；如果等一段时间，父母还没有回来，就要向商场工作人员求救，千万不要跟着陌生人离开商场。

父母要教给孩子性保护知识。据调查，对孩子进行性犯罪的嫌疑人中，90% 是孩子之前认识的，父母要特别提醒女孩，不要跟陌生的异性去陌生的地方，更不要单独外宿。

父母还要告诫孩子，一些危险的公共场合是不能去的，如：铁路、公路旁，高压塔、变压器下，水深的河、湖，工厂废弃的仓库、建筑工地等。

第二章　培养孩子的决断力和自制力

决断力和自制力是两项十分重要的能力，家长要想培养孩子的领导力，让孩子成为未来的领导者，就必须首先让孩子学会独立思考、作出判断，并且具备很强的自我控制能力，这样，孩子才能在关键时刻把握住机遇，在挫折和诱惑面前不卑不亢，泰然处之。

第一节 让孩子自己做决定

“生命的价值在于选择。”但做父母的常常忘记这一点，他们不让孩子去做选择，总是忍不住要替孩子做选择。于是，孩子只能按照父母的决定去做。那么，这些决定越正确，孩子的窒息感就可能越强。一方面，孩子获得的资源越来越多，能力也越来越强，但另一方面，他的生命激情却会越来越少。他们感受到这一点，于是想对父母说“不”，但他们又一直被教育听话，所以连“不”也不能说了，只好用被动的方式去叛逆。

这是因为，孩子有了自主意识，就不再愿意什么事情都听父母的，有了自己做决定的需求。如果孩子的这种需求长期不被满足，自主意识就会被抑制，自信心会受打击，影响孩子对自己的评价，很可能导致孩子产生消极的自我评价，而这一点可能会深植于他的内心。长大以后，孩子可能会缺乏判断力和选择的能力，缺乏责任感，凡事依赖他人，缺乏主见。到那时父母再想训练他让他自己做主就很难了。

要改善这一点，最好的方式就是“适当放手”，让孩子自己做决定，即父母给孩子制定一个基本的底线——认真生活、不做坏事，然后放手让孩子去决定自己的人生，只是在非常有必要的时候才去帮孩子。

一个经常为自己的人生做决定的孩子，他的生命力是旺盛的，尽管因为年轻，他会遇到一些挫折，但那些挫折最终和成就一起，让他感觉到自己的生命是丰富多彩的。

因此，建议父母给孩了一些做决定的机会，让孩子学会如何做决定。

马小俊是个乖巧的小女孩，因为爸爸妈妈工作忙，马小俊便跟爷爷奶奶一起生活。奶奶每天接送马小俊时，都会把孩子的吃穿安排好，就连喝牛奶插吸管这样的事，她也不让孩子做，总是

自己做或请老师做。

于是，每天早晨马小俊来幼儿园后，从不主动去玩玩具或进行户外活动，而是四处游荡，非要等老师指定她去玩什么，她才去；每当老师请她进行选择时，她便犹豫不决，事事都要由别人做决定，自己无法做决定。

妈妈认为这样可不行，同马小俊爸爸商量后，他们把马小俊接了回来。爸爸妈妈既不过多地干涉马小俊做什么，也不催促她做什么。当马小俊特别想要自己脱衣服或者穿衣服时，爸爸妈妈就放手让她自己去穿；马小俊洗澡时，爸爸妈妈尽量让马小俊有充足的时间在澡盆里玩耍；吃饭时，爸爸妈妈让马小俊自己吃，而且不催促她，吃饱以后就不再让马小俊留在饭桌旁了；到了该睡觉、该外出散步或者该回家时候，如果马小俊不愿意去做，爸爸妈妈会多说些有趣的事情来引逗她去按照他们的话做。

马小俊妈妈说："我们的目的既不是把她娇惯成说一不二的'小皇帝'，也不是要把她变成什么都自己不能决定的'小木偶'。"现在，马小俊已经是个五岁的"小大人"了，她有自己的眼光、自己的思维、自己的感受、自己的判断，不再是绝对听话、叫她干什么就干什么的"小木偶"了。

从案例可以看出，马小俊的奶奶是一个十分细心的人，在马小俊成长过程中，她总是事无巨细地替马小俊考虑得十分周到，孩子不管干什么，她都事先考虑到，替孩子做好，从不让孩子自己做，更别说让孩子自己做决定了。她的这种做法，就是不给孩子任何自己做事、思考、说话的机会，最终捆住了其手脚，束缚了其思想。这样就可能把孩子变成没有主见、胆怯怕事和依赖性很强的人。马小俊爸爸妈妈的做法更有利于孩子的成长，也是教育孩子时应推崇的方法。下面我们把这些正确的做法进行了归纳总结：

1. 解放孩子的手、嘴和大脑

做父母的应该了解孩子在生活中的权利和职责，作为家庭中的一员，孩子有不同意父母意见的权利，在对他们有影响的决定上有发言权，同时，孩子也有提出有见识的不同意见和发挥自己才能的职责。观念明确了，父母就要解放孩子的手、嘴和大脑，让孩子行使自己的权利，让孩子敢想、敢说、敢做，而不是一味地顺从父母。

2. 给孩子自己做决定的机会

只要不是原则性的问题或危险的事情，父母都可以放手让孩子自己做决定，而且要多提供机会让孩子自己做决定，并且是真正自己做决定，父母千万不要左右孩子。要给孩子以单独思考、学习和玩耍的时间和机会，这样，孩子才能成长为一个独立、有主见的人。

3. 尊重孩子的意愿

俗话说："孩子是小人，小人也是人。"做父母的应尊重孩子，把他当做家庭中平等的一员来对待，要尊重他在家庭中的地位，任何涉及孩子的事情，应尊重或听取孩子的意见。要尊重孩子的见解，甚至当孩子父母意见相左时，也要以商量的口吻表示对孩子的尊重。如：对话时，不要中断或反驳孩子；不要干涉孩子自己喜欢的行为方式，等等。

4. 给孩子自己的小天地

无论家庭的居住条件如何，都要给孩子一块属于自己的小天地、小角落。在这个角落里，可放置玩具架及小筐、纸盒等容器，每天给孩子一些自由支配的时间，让他自己做决定，自由地带小伙伴在此玩耍，自己取放玩具，做一些力所能及的劳动。

第二节　鼓励孩子发表意见

有些孩子在发表自己的意见时，常常会受到别人的影响——他们容易受家长和老师的暗示而改变主意，或者动摇于各种见解之间，或者盲从、附和、随大流，这种没有主见的做法往往会影响孩子思维独立性的发展。父母要给孩子创设民主和谐的家庭氛围，孩子在这样的家庭环境中，才会有活跃的思维，敢于发表自己的意见。在压抑的环境中成长的孩子，不容易有自己的意见和看法，思想会受到父母的左右，只会盲从，这样会影响孩子今后的发展。

父母应鼓励孩子有自己的见解，在孩子发表意见时，即使是错误的，也要让孩子说完，然后再给予适当的指导。对于孩子的正确意见，父母应该积极肯定和表扬，增加孩子主动表达的自信心。

青青的爸爸是个很民主的人，在家里，他允许青青大胆说出自己的想法，即使她说得没有道理，爸爸也不会批评她。

周末，爸爸带青青去参观一个书画展，事先爸爸没有告诉青青里面的画全部是一个人的作品。青青在仔细地看完每幅画后，对爸爸说："爸爸，这个画家的画真好。"

爸爸觉得很纳闷，孩子怎么会知道是一个人的作品？他问青青："是吗？你觉得好在哪里啊？"青青回答道："这些画的颜色搭配很好看，笔法也很大胆。"爸爸听了青青的话，满意地笑了。

很多孩子不敢大胆说出自己的想法，怕说得不恰当，会受到父母的责备。而青青敢于说出自己的想法，这和青青的爸爸平时鼓励孩子勇于发表意见是分不开的。

孩子发表自己的意见，调动自己的思维能力，用合适的方法将自己的想法告诉他人，这是孩子独立思考能力的重要体现，因为这说明孩子会对自己的问题和表达方法进行缜密的思考。

培养孩子敢于争论的个性，对其健康成长有益。让孩子一味顺从，等于扼杀了孩子独立的个性。因此当孩子就自己的观点与家长争论时，大可不必阻止，而应积极引导。家长还可以经常有目的地用激将法"逼"孩子发表自己的意见，鼓励他们独立思考，敢于在不同场合发表自己的意见。

第三节 让孩子集中注意力

近年来，教育工作者对学龄前儿童入学准备进行了广泛研究，结果表明，儿童在未来学校生活中的成功取决于生理、心理和智力等方面的综合考量，是围绕着健康的体魄、良好的语言能力、集中的注意力、解决问题的能力、创造性思维、对周围事物的认知以及对外界环境的适应等展开的一系列内容，而其中，孩子的注意力被认为是最为关键的一项。怎样才能让孩子学会"全神贯注"呢？有五个方法可以很好地训练孩子的注意力。

1. 充分利用孩子的好奇心

在这个世界上，有许多孩子未曾见过和未曾听说过的新鲜事物，以其独特的魅力吸引着好奇心强的孩子，引起他们的极大关注。因此，我们可以充分利用孩子的好奇心来培养专注力。

实验证明，强烈、新奇、富于运动变化的物体最能吸引孩子的注意。会转动的音乐鸟笼，会跳的小青蛙，会摇头的小木偶，自动下蛋的母鸡，家长可以给孩子买一些类似的玩具，让孩子集中注意力观察、摆弄。特别是 0 ~ 3 岁的孩子，采取这种方法是最理想、最有效的。

另外，还可以把孩子带到新的环境中去玩。比如带孩子逛公园，让他看一些以前未曾见过的花草、造型各异的建筑及其他引人入胜的景观；带孩子到动物园去看一些有趣的动物，等等，利用孩子对新事物的好奇心去培养专注力。

2. 把培养孩子的兴趣与专注力结合起来

兴趣是最好的老师，人们在做自己感兴趣的事情时，总会很投入、很专心，孩子也是如此。如果儿童在入学前接触的书本知识太多，走进课堂后发现老师讲授的都是自己屡见不鲜、耳熟能详的东西，那么，大多数儿童上课都会不由自主地精神溜号儿，东张西望，做小动作。

在生活中常常会看到一些孩子在按家长的要求做某些事的时候，总是心不在焉，而在做他感兴趣的事情时，却能全神贯注、专心致志。对孩子来说，他的注意力在一定程度上直接受其兴趣和情绪的控制。因此，我们应该注意把培养孩子广泛的兴趣与培养专注力结合起来。

培养孩子的兴趣，要采取诱导的方式去激发。比如培养识字的兴趣，可以利用孩子喜欢故事的特点，给孩子买一些有文字提示的图画故事书。让孩子一边听故事一边看书，并且告诉孩子这些好听的故事都是用书中的文字编写的，引发孩子识字的兴趣，然后认一些简单的象形字，从而使孩子的注意力在有趣的识字活动中得到培养。

兴趣是产生和保持注意力的主要条件。孩子对事物的兴趣越浓，其稳定、集中的注意力越容易形成。所以家长应注意培养孩子广泛的兴趣，并以此为媒介来培养孩子的注意力。

3. 在游戏中训练孩子的注意力

心理学家曾做过这样一个实验：让幼儿在游戏和单纯完成任务两种不同的活动方式下，将各种颜色的纸分装在与之同色的盒子里，观察孩子注意力集中的时间。实验结果发现，在游戏中 4 岁幼儿可以持续进行 22 分钟，

6 岁幼儿可坚持 71 分钟，而且分放纸条的数量比单纯完成任务时多 50%。在单纯完成任务的形式下，4 岁幼儿只能坚持 17 分钟，6 岁幼儿只能坚持 62 分钟。实验结果表明，孩子在游戏活动中，其注意力集中程度和稳定性较强。因此，我们可以让孩子多开展游戏活动，在游戏中培养孩子的专注力。

游戏活动方法很多，比如传统游戏让孩子“找回不见的玩具”便是一种简单易行的培养孩子专注力的游戏方法。其具体做法是：家长与孩子一同取出几件玩具摆放在桌上，并教孩子清点玩具的数量，让孩子说出玩具的名称，记住玩具的种类。然后，趁孩子不注意的时候，拿走其中的一种或几种玩具，问孩子：“什么东西不见了？”让孩子集中注意力去回想、查看、寻找，这种训练方法简单、灵活而实用。家长还可根据具体情况选择其他类似的游戏方法。

游戏是孩子喜爱的活动，它能引发孩子的兴趣，使孩子心情愉快。家长应该有选择性地与孩子一同开展游戏活动，并在活动中有意识地培养孩子的专注力。

4. 让孩子明确活动目的，自觉集中注意力

孩子对活动的目的、意义理解得越深刻，完成任务的愿望就越强烈，在活动过程中，注意力就越集中，注意力维持的时间也就越长。

比如：一个平时写字总是拖拖拉拉、漫不经心的孩子，如果你许诺他认真写字，按时完成任务之后就送一件他一直想得到的礼物，他一定会塌下心来，集中注意力认真地写字。

在日常生活中，家长还可以训练孩子带着目的去自觉地集中和转移注意力。如问孩子“妈妈的衣服哪儿去了”、“桌上的玩具少了没有”，或是叫孩子画张画送给妈妈做生日礼物等，这样有目的地引导孩子学会有意注意，可让他逐步养成围绕目标、自觉集中注意力的习惯。

5. 培养自制力

现实生活是一个处处充满诱惑，时时会有外来干扰的世界，要维持长时间的、集中的注意力，必须具备一定的自我控制能力。所以，从某种意义上说，良好的专注力是稳定而集中的注意力和自制力的结合。

要培养超常的专注力，就必须从小开始培养孩子的自制力。这就要求家长有计划地在日常生活中，不断向孩子提出适当而合理的要求，培养他们良好的意志品质，鼓励他们按时完成任务，把每一件事做完，不半途而废，培养他们控制自己行为的能力。

当然，集中孩子的注意力的方法有很多，其具体实施方法也不尽相同。家长可根据孩子专注力发展的特点，采取适当的方法，有计划、有目的地训练和培养孩子的专注力。只要采取科学的方法和态度，努力去做，一定会取得成功的。

第四节　增强孩子自我控制的能力

心理学家研究发现，有30%的孩子到了学龄时仍然不会自觉地去学习，总是要家长不断地督促，上课注意力不集中，爱做小动作，写作业边写边玩等。这其实都是因为孩子的自我控制能力比较差。这个问题需要家长、老师和孩子本人共同努力来解决。家长作为孩子最为亲近的人，在这个教育过程中起着很重要的作用。良好的自我控制能力，是一个人成熟的表现。那么，怎样帮助孩子增强自我控制能力呢？

作为家长要告诉孩子，什么事情到什么程度是允许接受的，过了这个度会有什么样的后果，不要纵容孩子不合理的愿望。

孩子缺乏自制能力，根源往往在父母。

小志小时候其实也是一个有一定自制力的孩子，后来妈妈工作忙，小志就被放在奶奶家里。奶奶对小志十分溺爱，总是什么事情都随着小志，不管小志做什么，奶奶从来不问不管。渐渐的，小志就变得缺乏自制力了。可见，父母对孩子的迁就和溺爱，是对孩子最坏的教育，只会让孩子随随便便，做事只凭自己喜好，不能控制自己的行为。

小孩子喜欢乱说乱动，本来无可厚非，但是，自我控制能力是个人社会化的一个重要方面，它对个人的成长乃至成功至关重要。如果一个人没有或缺少自我控制能力，就有可能在有意或无意之中侵犯他人的权利，同时自己的权利也会受到威胁；缺少自控能力的人，也会常常与别人发生冲突，违反社会规则，失去耐心，因而也会失去获得成功的自我保障因素。因此，让孩子从小学会控制自己的行为非常重要。

高尔基说过："哪怕对自己一点儿小的克制，都会使人变得强而有力。"可见，从小培养孩子的自制力尤为重要。要培养孩子的自制力，家长也需要有一些小窍门，让孩子在不知不觉中改掉坏习惯。

许多父母总是不知道如何去培养孩子的自控能力——管教过严可能会让孩子变得死气沉沉、缺乏活力；过于放纵，又会让孩子变得娇气、任性，事实上把握好这个"度"正是父母教育的关键所在。家长应该明白，爱孩子并不是任由孩子随心所欲，而是要给孩子订立一些原则，什么事情能做，什么事情不能做，让孩子从小就知道，并能够很好地控制自己的行为。

第五节　让孩子学会管理自己的情绪

由于孩子对自己情绪的控制能力比较差，他们时不时地发“小脾气”是常见的事情。有时不见得是什么异常现象，也不需要特别地加以“控制”，采取视而不见的冷处理办法，孩子的脾气可能很快就烟消云散，正所谓来得快、去得也快。这时若加以“控制”反而不一定对孩子有什么好处，只要孩子发脾气不是太过火，对别人不造成损害，可以由他去，这样，孩子就会发现，发脾气并没有什么好玩之处，其脾气可能就会越来越小，最后也许就很少发脾气了。

让孩子学习控制情绪，首先应尽量做到使孩子在合理范围内有充分表达情绪的权利，因为孩子能够充分地、合理地表达自己的情绪，正是孩子心理发育基本健康的标志。但孩子毕竟是孩子，他的情绪表达方式难免会有偏颇，有时会发生对自己和他人都不利的情绪过激现象，例如孩子因发脾气与别的孩子争吵打架，可能伤着自己和对方，冲着长辈和老师发脾气则是不礼貌行为，或者脾气上来碰头捶胸、摔砸物品等都是不合情合理的。遇到这些情况时，父母不应视而不见，而要采取一致意见进行严厉制止，让孩子知道发泄情绪也应有一定的界限，自己发泄情绪不应损害别人的利益和损害物品。孩子长大一些时，则尽量鼓励孩子用语言表达自己的情绪，告诉他遇到问题时要讲道理，说缘由，而不要动不动就乱闹、发脾气。

生活中经常会发生一些不快事件，这些事件会影响人们的情绪，尤其是遭受挫折时，人们会沮丧、抑郁，儿童也不例外。例如孩子在学校没有考好，没有评上三好学生等，这时比较要强的孩子就会出现明显的挫折感，他们显得不高兴，怕同学老师看不起，也可能怕受到家长责怪，表现得话少、紧张、沉默，如果孩子能够在较短时间内自我调节过来，那么家长也就不必担心。如果孩子经过一段时间还是情绪不好，父母就应该干预。比如孩子因为考试成绩差了一些而不高兴，父母就可以根据具体情况帮孩子分析原因。考不好是不是因为考试时粗心大意？是不是对某一道题理解错误？还是孩子学习不够用功？找到原因后不应该过分批评孩子，而应鼓励孩子在以后多加把劲，平时把功课学好，考试时注意细心检查，以后就能考好。并告诉孩子一次考试成绩差一些并不能说明太多问题，也不能代表他就是一个笨孩子，老师也不会看不起他。必要时可帮助孩子把期望值放得低一些，不要总是和第一名、第二名相比。经过诸如此类的疏导和分析，孩子可能就会变得心平气和了。

有时孩子也可能因为在某一方面做得很出色而受到某种奖励，这时孩子可能表现得很高兴，这也是正常的，可以让孩子尽情地高兴一阵，并对孩子取得的成绩给予表扬，但同时也要告诉孩子不能因为这一点儿成绩骄傲自满，做人需要谦虚，谦虚才能取得更大的成绩，也才能与人更好地相处。

另外，要使孩子养成良好的情绪表达习惯，父母首先应对自己的情绪表达方式进行反省，因为父母的榜样作用会在很大程度上影响孩子。

父母对孩子比较粗暴，动不动就训斥孩子，孩子对各种事情没有任何解释和发言权，这样会使孩子缺乏学习用语言正确表达情感的机会，也就有可能最终使孩子学会粗暴待人等不良习惯，这会对孩子的未来造成消极影响，不利于孩子以后的生活和事业。

从孩子到老人，人人都会有自己的脾气，但是，如果一个人不学会控制他的坏脾气，那么他在人生道路上，就会伤害朋友，破坏感情，甚至有更糟的情况发生。儿童心理专家建议，孩子要从小学会控制自己的坏情绪。

家长要教育孩子控制自己的情绪，不要养成爱发脾气的习惯，因为一旦养成了这样的习惯，对将来为人处世都是不利的。这种“不利”就在于：它伤害了别人，也伤害了自己，而且这种伤害是不可逆转的，即使采取最

好的补救措施，也难以消除留下的伤痕。

情绪调控能力是情绪智力的重要品质之一，这种能力能让及时摆脱不良情绪，保持积极的心境。儿童期是情感教育的黄金周，帮助孩子形成初步的情绪调控能力是情感教育的重要内容。家庭是孩子的第一所学校，也是人生情感习得的启蒙学校。我们应充分发挥家庭在孩子情绪调控能力形成中的特殊作用，创设良好的家庭情感氛围，让孩子在潜移默化的实践和自然感受的体验中形成初步的情绪调控能力。

此外，家长还应为孩子创造与同伴交往与游戏的机会。孩子成长过程中需要与同伴交往，孩子如果长时间独处，会产生莫名其妙的孤独感，渴望交流又得不到交流的状况可能导致慢性的情绪压抑。尽管孩子在与同伴的交往中不免会发生一些小冲突，但正是这些使孩子学会如何与别人协调，如何压制自己不合理的愿望，如何处理同伴关系等。孩子有喜爱游戏的天性，游戏的趣味性和吸引力促使他们愉快地、心甘情愿地服从角色分配，服从规则要求，要想参加就必须约束自己的行为，否则就会遭到排斥、失去参加活动的机会。这有助于训练并逐步形成孩子的情绪控制机制。

家长也可以教给孩子自我调节情绪的方法。由于孩子注意力很容易发生转移，消极情绪状态持续的时间不一定很长，这也表现为一种对情绪的无意识调节。面对孩子的过激情绪，父母可以讲究一些策略，如冷处理、设法转移孩子注意力等，同时应该帮助孩子主动自觉地控制情绪。如教给孩子自我调节的方法，告诉他们，当控制不了自己的情绪时，就在心里暗暗说“不能打人”、“不能摔东西”，或者在不愉快时想一些有趣的事情。

第六节　帮助孩子控制暴躁行为

孩子脾气暴躁可能有以下几个原因：家长脾气暴躁给孩子树立了不好

的榜样；家庭教育方式不当，使孩子心理过分压抑；父母教育方法不统一，孩子对软弱的一方容易发脾气；孩子不会表达自己的愿望，由于孩子的语言尚处在发展期，有时不能将自己的想法、要求和愿望明白地表达出来；孩子的第一个“反抗期”出现，易导致脾气暴躁。面对孩子的暴躁脾气，家长可以采取下列解决办法一试：

（1）孩子大哭大闹时，要采取不理睬态度。必须让他意识到哭闹是无济于事的。等孩子停止了哭闹，能够心平气和地回答问话时，再去教育他。孩子看到家长态度坚决，自然会停止哭闹，听从教育。

（2）当孩子不听家长劝阻或拒绝服从命令时，可放手让他自己去碰碰钉子。当他受到挫折时，自然会知道家长不让他做的道理了。这种处理越及时越好。

（3）“反抗期”是孩子正常发育的必经阶段。在这个阶段里，父母对孩子的行为应注意适当加以鼓励，促进他的自我意识的形成。当父母不满意孩子的行为时，在批评的同时仍要表示喜欢他，不可责怪打骂。

（4）当孩子出现打人骂人的不良行为时，应坚决制止。要使他明白自己的错误行为在别人身上所产生的影响，严肃讲清道理，并引导孩子自觉采取补救措施。

（5）家长发现孩子有不愉快情绪时，应设法了解其原因，对于恰当的要求可以满足，过分要求可不加理睬。

第三章 树立孩子的自信心

若想成为优秀的领导者，就必须具备强大的自信心。一个孩子如果从小就树立了自信,那么在他成长的道路上,他会一直勇往直前，抓住每个宝贵的机会展示自己，也不会被任何艰难困苦吓退，最终出落成优秀的领导者。

第一节　自信是创造奇迹的源泉

一个人的成就，绝不会超出他自信所能达到的高度。据说拿破仑亲率军队作战时，同样一支军队的战斗力，便会增强一倍。原来，军队的战斗力在很大程度上基于兵士们对于统帅的敬仰和信心。如果统帅抱着怀疑、犹豫的态度，全军便要混乱。拿破仑的自信与坚强，使他统率的每个士兵增加了战斗力。

有坚强的自信，往往能使平凡的男男女女，做出惊人的事业来。胆怯和意志不坚定的人即便有出众的才干、优良的天赋、高尚的品格，也终难成就伟大的事业。

坚强的自信，便是伟大成功的源泉。不论才干大小、天资高低，成功都取决于坚定的自信心。相信能做成的事，一定能够成功。反之，不相信能做成的事，那就绝不会成功。

有一次，一个士兵骑马给拿破仑送信，由于马跑的速度太快，在到达目的地之前猛跌了一跤，那马就此一命呜呼。拿破仑接到了信后，立刻写封回信，交给那个士兵，吩咐士兵骑自己的马，从速把回信送去。

那个士兵看到那匹强壮的骏马，身上装饰得无比华丽，便对拿破仑说："不，将军，我这样一个平庸的士兵，实在不配骑这匹华美强壮的骏马。"

拿破仑回答道："世上没有一样东西是法兰西士兵所不配享有的。"

世界上到处都有像这个法国士兵一样的人！他们以为自己的地位太低

微，别人所享有的种种幸福，是不属于他们的，以为他们是不配享有的，以为他们是不能与那些伟大人物相提并论的。这种自轻自贱的观念，往往成为不求上进、自甘堕落的主要原因。

有许多人这样想：世界上最好的东西，不是他们这一辈子所应享有的。他们认为，生活中的一切快乐，都是留给一些命运的宠儿来享受的。有了这种自卑的心理后，当然就不会有出人头地的观念。许多人本来可以做大事、立大业，但实际上竟做着小事，过着平庸的生活，原因就在于他们自暴自弃，他们没有远大的希望，不具有坚定的自信。

与金钱、权势、良好的出身相比，自信是更有力量的东西，是人们从事任何事业最可靠的资本。自信能让人排除各种障碍、克服种种困难，能使事业获得完满的成功。

有的人最初对自己有一个恰当的估计，自信能够处处胜利，但是一经挫折，他们就半途而废，这是因为自信心不坚定的缘故。所以，光有自信心还不够，更须使自信心变得坚定，这样，即使遇着挫折，也能不屈不挠，向前进取，绝不会因为一遇困难就退缩。

如果我们去分析研究那些成就伟大事业的卓越人物的人格特质，那么就可以看出一个特点：这些卓越人物在开始做事之前，总是具有充分信任自己能力的坚强自信心，深信所从事之事业必能成功。这样，在做事时他们就能付出全部的精力，破除一切艰难险阻，直到胜利。

人们常常把自信比作“发挥主观能动性的闸门，启动聪明才智的马达”，这是很有道理的。自信可使人充分发挥潜能，可使人获得成功，可以让人创造奇迹，成就辉煌。

自信是人类心理生活中最基本的内在品质之一，表示着一个人对自己的看法：自己是不是有能力，自己是不是“值得”，自己是不是“看得起”自己。自信也就是对自我能力和价值的肯定。

在心理学中，同“自信”相反的词是“自卑”，所表现的是一种自我贬低，一种对自己的不信任，一种消极的心态。自卑的人像是自己给自己设置了生活中的种种障碍，凡事都不能够尽力争取，随时都有着退缩的打算。因为自卑的人总是看不起自己的，总是认为自己“不能”或“不会”。心理学认为，自卑是一种过多地自我否定而产生的自惭形秽的情绪体验。

在日常生活中，还有一个与“自信”有着关联的用语是“自负”。自负表面上近似于自信，但是与自信又有着本质的区别。自信的人对自己往往有着一种客观的认识，所表现的是实际的内在自我。而自负的人恰恰正是缺乏对自己的客观认识，所表现的多是夸张的自己，或是自己幻想中的角色。而实际上，对自己的夸张和炫耀——自负的主要表现之一，本质上正是不自信或自信心不足的表现。自信不是孤芳自赏，也不是夜郎自大，更不是得意忘形、毫无根据的自以为是和盲目乐观，而是激励自己奋发进取的一种心理素质，是以高昂的斗志、充沛的干劲迎接生活挑战的一种乐观情绪，是战胜自己、告别自卑、摆脱烦恼的一副灵丹妙药。

自信，并非意味着不费吹灰之力就能获得成功，而是说以一种乐观的心态，在战略上藐视困难，战术上重视困难，从大处着眼、小处动手，脚踏实地、锲而不舍地奋斗拼搏，扎扎实实地做好每一件事，战胜每一个困难，从一次次胜利和成功的喜悦中肯定自己，不断地突破自卑的羁绊，从而创造生命的奇迹，成就事业的辉煌。

因此，家长应重视对孩子自信心的培养，唯有如此，孩子将来才更有可能成长为一个具有领导能力的人。

第二节　引导孩子养成乐观的性格

从某种角度讲，自信心来自乐观的性格，而开朗乐观的性格对孩子未来的人生发展具有重要作用。调查显示，开朗乐观的人不仅较为健康（如癌症罹患率明显低于悲观抑郁者），而且婚姻生活较为幸福，事业上也较易获得成功。那么如何培养孩子具有这种正面性格呢？一位美国的儿童教育专家提出如下建议：

1. 勿对孩子控制过严

作为家长，当然不能对孩子不加管教、听之任之，但是控制过严又可能压制儿童天真烂漫的童心，对孩子的心理健康产生消极作用。不妨让孩子在不同的年龄阶段拥有不同的选择权。只有从小能享受选择权的孩子，才能感到真正意义上的快乐和自在。

2. 鼓励孩子多交朋友

不善交际的孩子大多性格抑郁，因为时时可能遭受孤独的煎熬，享受不到友情的温暖。不妨鼓励孩子多交朋友，特别是同龄朋友。本身性格内向、抑郁的孩子更适宜多交一些开朗乐观的朋友。

3. 教会孩子与人融洽相处

和他人融洽相处者的内心世界较为光明美好。父母不妨带孩子接触不同年龄、性别、性格、职业和社会地位的人，让他们学会和不同类型的人融洽相处。当然，孩子首先得学会跟父母和兄弟姐妹以及亲戚融洽相处。此外，家长自己应与他人相处融洽，做到热情、真诚待人，不趋炎附势，也不以貌取人，不在背后随意议论别人，给孩子树立一个好榜样。

4. 物质生活避免奢华

物质生活的奢华会使得孩子产生一种贪得无厌心理，而对物质的追求往往又难以获得自我满足，这就是为何贪婪者大多并不快乐的根本原因。

相反，那些过着简单生活的孩子，往往只要得到一件玩具，就会玩得十分高兴。

5. 让孩子爱好广泛

一个孩子如果仅有一种爱好，就很难保持长久的快乐感觉。试想：只爱看电视的孩子一旦晚上没有合适的节目时，心头必然会郁郁寡欢。相反，如果孩子看不成电视时爱读书、看报或做游戏，同样可乐在其中。

6. 引导孩子学会摆脱困境

即便是天性乐观的人也不可能事事称心如意，更不可能永远快乐。父母最好在孩子很小时就注意培养他们应付困境的能力。要是孩子一时还无法摆脱困境，还可以教育孩子学会忍耐，或在困境降临之时寻求另外的精神寄托，如参加运动、游戏、聊天等。

7. 让孩子拥有适度的自信

拥有自信与快乐性格的形成息息相关。对一个因智力或能力有限而充满自卑的孩子，家长务必发现其长处发扬光大，并审时度势地多作表扬和鼓励。来自家长和亲友的正面肯定无疑有助于孩子克服自卑、树立自信。

8. 创建快乐的家庭气氛

家庭的气氛，家庭成员之间的关系，在很大程度上会影响孩子性格的形成。研究表明，孩子在咿呀学语之前就能感觉到周围的情绪和氛围，尽管当时他还不能用语言来表达。可以想见，一个充满了敌意甚至暴力的家庭，绝对培养不出开朗乐观的孩子。

9. 让孩子体会到分享的乐趣

自己高兴的事情说出来，自己的玩具和零食拿给其他小朋友，与他们一起玩耍，一起分享，从小养成合群的习惯，不要让他认为什么东西都是自己的，而应让他觉得大家一起分享更能找到其中的乐趣。家长不要认为这样孩子会吃亏，乐于分享的性格能使孩子远离自闭，也让孩子更容易得

到大家和周围环境的认可。

第三节　家长要重视孩子的恐惧

有自信的孩子首先不应该是恐惧的，那么，孩子的恐惧是从何而来呢？

十多年来一直做调查的一家德国研究机构不久前公布了最新的调查结果。“一个孩子和他的妈妈正带着一条狗在街上散步。突然路旁蹿出来一个罪犯。他抢走了孩子母亲的手提包，并且开枪打死了孩子的母亲。罪犯穿过公园在光天化日之下逃之夭夭，地上留下了带血的脚印。”12岁的女孩达尼拉这样描述着自己想象中让她感到最害怕的事情。她说，她最担心的是自己的父母或者兄弟姐妹遭遇不测。有这种想法的孩子在德国并不算少数。全德国59%的6～14岁的孩子都有这种恐惧心理。让孩子们感到害怕的第二位的问题是遭到性侵害。50%的孩子有这方面的担心。虽然生活中感到恐惧和担忧的儿童统计数字仍然不低，该研究机构的发言人指出：“我们注意到，而且感到非常吃惊的是，孩子们的恐惧心理已经明显减弱了。过去从来没有出现过这么低的数字。现在只有40%的孩子会有很大的恐惧和不安。而10年前这类孩子达到近60%。”

就此心理学家克莱门斯提醒说，这虽然这是个好消息，但是仍然不能掉以轻心。孩子们的恐惧虽然减少了，但并不证明生活条件得到了改善。这主要是因为产生了习惯性效应，是因为久见不惊了。她说，孩子们每天通过媒体接触到大量令他们感到不安的信息，天长日久也就习惯了，也就不感到害怕了。从另一方面说，大量这类信息使孩子们产生了强烈的恐惧，但是从而也就逐渐发展出了一种对抗恐惧的心理机制。简单说，孩子们可以努力从内心否定那些让他们感到恐惧的事情和场景。

孩子们随手画的一些画证明了这一点。比如12岁的女孩克里斯蒂娜画了一个男孩和一个女孩站在学校门前。男孩手里挥舞着一根木棍。“他总是拿着一根木棍出现。他多次打了这个女孩。因为他知道这个女孩的父母很有钱。男孩总是希望能从女孩那里要到钱。但是这个女孩不敢告诉她的家人。”6到11岁女孩的恐惧心理最强烈，克里斯蒂娜本人虽然并没有经历过这样的事情，但是她从新闻里已经多次听到过这类信息。

孩子们受媒体报道的影响究竟有多大，这不单同年龄有关，而且同孩子们接受教育的程度和居住的地区也有关。小城市里的孩子一般不像农村孩子那样能得到众多亲戚朋友的关照，因此他们在生活中常常感到不安和害怕。但是大城市又不一样了。大城市的孩子从小生活就要自立，因此恐惧心理也就相对少得多。父母的经济地位对孩子们的心理造成多大影响从统计中也能看出。统计表明，在东部地区，50%的儿童担心父母失业，担心家里因父母失业没有钱生活。而西部只有40%的儿童担心这种事。

帮助孩子克服恐惧心理父母的关注很重要。心理学家克莱门斯提醒父母们一定要重视孩子们的心理活动，帮助他们克服恐惧不安心理。“儿童一般不愿意讲出他们的恐惧。但是他们会通过其他方式表现出来。大多数情况下他们会说自己肚子痛、头痛、头晕，或者逃学。家长必须细心观察，要拿出时间来同孩子谈话，了解清楚到底是什么让孩子感到不安和恐惧。”

帮助孩子克服恐惧感的方法很多，传递信息或知识以启发孩子的想象力，是一种最好的方法。譬如孩子害怕蜜蜂，可以和他讲讲蜜蜂如何勤劳、能酿出可口的蜜糖等；孩子害怕雷声，可以告诉他为什么会打雷，雷电离我们有多远等；对害怕盲人的孩子，则告诉他眼睛失明的人多么苦恼，应该热情帮助他们，以及如何保护好眼睛和视力等；孩子害怕流血，可以给他讲讲血液的作用、血液从哪里来、人有多少血液等。

不要强迫孩子否认或隐匿恐惧感。5 ~ 8 岁的儿童往往会掩饰自己的恐惧心理。否认是孩子对付害怕的手段。心理学家罗伯特·多斯认为可讲些话安慰孩子，如："不少像你这么大的孩子都会感到害怕，这不要紧。"首先要让孩子感到"害怕"是正常的，不必为它感到难为情，然后再帮他逐渐消除这种恐惧感。绝不能因孩子害怕而讥笑或惩罚他。

可以帮助孩子事先熟悉他所害怕的事物，以减少恐惧心理。例如，孩子害怕上学，入学前可带他到学校去玩耍几次，使他对学校产生兴趣；孩子必须做扁桃体切除手术，可先带他到医院里去与医生交朋友，熟悉那里的人和环境等。

家长的示范对消除孩子的恐惧也非常有帮助。

有一次，张女士带着两岁的女儿上动物园，在蛇笼前，讲解员问是否有人想要触摸一下无毒的蛇。张女士从未与蛇打过交道，心里也有点胆怯，但见孩子躲在自己身后畏缩不前，就壮着胆子摸了一下。自然，孩子胆子也大了，跟着摸了一下，并回过头来对张女士骄傲地笑了。

尽管儿童产生恐惧感是正常现象，但还是不要让孩子接受过多的不良刺激，惊吓和恐惧感不仅影响孩子睡眠，梦中常常惊醒，严重时还会导致精神障碍。因此，尽量不要带孩子上火葬场以及会突然产生巨大噪音的场所，如爆破工地等。更不能让孩子观看充满暴力、血腥、恐怖及描写妖魔鬼怪的影视镜头。

第四节 积极培养孩子的自信心

自信心是指对自己和自己能力的信任。自信一方面取决于遗传因素，另一方面主要取决于后天抚养教育和孩子自己获取的经验。自信心既可增强也可减弱。自信心与对他人的信任紧密相连。培养孩子相信自己，日后他必定会相信他人。这一教育必须在孩子很小时就注意到。胎儿在母亲腹中九个多月，处于温暖、被保护的环境里，母亲持续不断地供给他营养品。胎儿被羊水和母亲柔韧而富有弹性的子宫壁舒适地包围着。然而一降临人世，婴儿就会受到声、光和陌生气味的强烈刺激和袭击。父母该把这些最初的刺激和袭击降到最低限度，即环境要安静，讲话声要小，光线不太强，空气要新鲜。

又如，若经常对躺在摇篮里尖声哭叫的婴儿不予理睬，就是在给婴儿制造不必要的忧愁、孤单、害怕，甚至气愤的感觉，以至削弱婴儿对父母——他的抚养人的信任和信心。在孩子出生后的头一年，允许他尽可能多地和他喜欢的人（通常是妈妈）在一起；允许他在安全范围内探索身边事物，再转回到妈妈身旁。这样，孩子对自己、对妈妈的信任就会不断增强。他会感到世界是安全的，他能够征服任何事物。他会逐渐大胆而快活地短时间离开妈妈——也许他走出房间，单独玩耍几分钟。但同时，他随时要知道妈妈在哪里。倘若妈妈和孩子频繁地分离，或长久地离开，又没有一个孩子喜欢的人替代妈妈陪伴他，孩子的信心和信任感将受到打击。

开始时，婴儿或幼儿与妈妈分离一天以上，就会显露出忧愁和气恼。

当妈妈归来时，孩子会一头扎在妈妈怀里，仿佛永远不再让她走开，但对妈妈的气恼仍然存在。倘若妈妈离开的时间更为长久，又无称职的替代人照看，孩子则会变得安静，不好活动，委靡不振。不过孩子这种情况会逐渐消失，孩子也会重新呈现笑容。因为孩子会拼命地向所有各式各样的人寻求他失去的最基本的一对一的爱和照料。此时如果妈妈返回来了，孩子也许会对她全然不予理睬，把她视为不重要的人物。

尽管最终孩子由于分离而产生的情绪消失了，但他内心总潜藏着被遗弃的恐惧，因为孩子已经知道妈妈不在身边是怎样一种滋味。同时他的害怕、生气和忧愁会转变成过分的依恋，会产生睡眠障碍。许多父母与孩子离别一段时间以后，感到孩子变了，但又不能确切讲变在哪里。他们必须尽一切努力提高孩子的信任和信心，这样才能使孩子恢复到以前的样子。

自信心和对他人的信任建立在安全、稳固的人际关系的基础之上。多表扬鼓励，防止消极的批评，才能使孩子获得自我价值感和自豪感。要不断提高孩子的责任心，允许他做力所能及的事情，以使孩子在上学前会穿衣、漱洗、认识环境和单独实践。当孩子不能完全独自地做好一种事情时，家长要适时地帮他一把。孩子自己做事时要给予表扬。如果孩子愿意，鼓励他再试一试。请记住，交给孩子做的事情不要太难，使他无法胜任。孩子只有在前一步取得了成功的欢乐和信心后，他才会怀着更大的信任去尝试下一步。在生活和学习中不断获得的进展，可以给孩子带来良好的自我感觉。

自信在很大程度上影响着人们的做事动机、态度和行为。孩子的自信可在约 3 ~ 4 岁时出现，当孩子学会用汤勺将饭放进自己嘴里时，就会出现“我能做到”这种心理。自信心强的孩子比较乐观，自我感觉较好，喜欢与别人交往，愿意追求新的兴趣，从不轻视自己，遇到难题时不说“我是白痴”，而说“我暂时还不理解”。反之，缺乏自信心的孩子比较悲观，总是感觉“我不行”或“我什么事情都做不好”等，往往表现出被动、抑郁和孤独。培养孩子的自信，父母的正确做法如下：

（1）多鼓励和赞扬正面行为。不仅在孩子做得好的时候要表扬，而且在孩子做出努力后，尽管未达到预期的目标，也要进行鼓励。

（2）及时发现并纠正错误信念。例如孩子除数学外，各科学习成绩都挺好，孩子有可能会认为自己是个笨学生。这时，家长应告诉孩子：“你是一名好学生，数学仅仅是几门功课的一门，只要多花点时间成绩会好的。”

（3）对孩子流露出发自内心的爱。将孩子抱在怀里，告诉他你为他而骄傲，经常地、诚恳地给予表扬。

（4）对孩子的行为给予及时准确的纠正。不要说“你总是这样不仔细看题目”，这会使孩子认为自己控制不了自己。家长可以这样说：“你这次真的是看得太神速了，但如果你肯再看得慢些，我会非常高兴的。”

（5）创造一个良好的家庭氛围。孩子在家里没有安全感或受虐待时，将会丧失自信心。家长应该让你的家成为孩子的避风港，并时刻注意孩子是否有受他人虐待的迹象。

自信心是孩子潜力的“放大镜”。正如哲人所说：“一个充满自信的人，事业总是一帆风顺的，而没有信心的人，可能永远不会踏进事业的门槛。”

自信是需要逐步培养的，首先，你要先相信孩子是有能力的。在美国一所小学做过一个试验，让老师先入为主地认为一个孩子是有“最佳发展前途”的（虽然孩子是随机挑的）。因为相信孩子出色，老师常给孩子正面评价。结果真的激发了他的自信，让这个学生表现得比原来的期望高。所以，你如果希望孩子有自信，首先你要相信他的能力。

如果你想培养自信的孩子，最好留意你用的每一句话、每一个词。多做肯定性评价，如“我相信你做得到的”、“我对你有信心”、“你做得真出色”。卡耐基在他的人际交流课程中曾提过这样的一个例子。

如果要改变一个孩子读书不专心的态度，我们可能会这么说："约翰，我们真以你为荣，你这学期成绩进步了。'但是'假如你在代数上再努力点儿的话就更好了。"在这个例子里，约翰可能在听到"但是"之前，感觉很高兴。马上，他会怀疑这个赞许的可信度。对他而言，这个赞许只是要批评他失败的一条设计好的引线而已。可信度遭到曲解，我们也许就无法实现我们要改变他学习态度的目标了。解决这个问题并不困难，只要把"但是"改成"而且"，就能达到我们的目标了："我们真以你为荣，约翰，你这学期成绩进步了，而且，只要你下学期继续用功，你的代数成绩也会很出色。"

第五节　用正确的方法安慰和赞美孩子

当孩子成功时，你应该对他进行表扬；当他失败时，你也应该对他进行鼓励和安慰。这样才能激发孩子独立活动的积极性，对帮助孩子树立信心产生更好的教育效果。但是，很多父母并不明白：表扬和安慰既不是可有可无的几句话，也不是包治百病的灵丹妙药。无论是进行表扬和安慰，还是进行批评，都是一门值得研究的学问。如果父母表扬和安慰得不够，就会致使孩子感到情感压抑，变得冷漠、孤僻；如果表扬和安慰得过多，则会使孩子变得娇气胆小、爱慕虚荣、缺乏自信。因此，表扬和安慰一定要把握好分寸，只有适度的表扬和安慰才能起到良好的效果。有些父母害怕挫伤孩子的自信心，孩子只取得一点儿小小的成绩，就欣喜若狂、赞不绝口。如果长期如此，孩子就会滋生自满的情绪。有些父母为了防止孩子骄傲自满，就采取从不夸奖的方式，即使孩子取得了很好的成绩，他们也不在语言、行动上做任何表示；相反，当孩子出现错误时，父母就会表现出很严肃和生气的样子。长此以往，孩子的自信心必然被挫伤，因为他觉得自己做什么都不会出色，不会赢得赞扬，还不如什么都不做，因此孩子的进取心也随之减弱。

所以，父母的表扬一定要及时、适当地流露出来。有时，一个赞许的眼神就会给孩子带来莫大的鼓励，一个亲切的微笑就会扫去孩子所有的失落，重振挑战的勇气。有的父母刚刚还夸孩子聪明能干，一转身就因为孩子的一个小失误而埋怨孩子太笨，什么都做不好。这样矛盾的说法很容易让孩子产生困惑："我到底是聪明还是笨呢？"对孩子的评价性言语一定要谨慎使用，否则很容易使孩子产生抵触情绪，甚至丧失自信心。另外，有些父母评价孩子喜欢使用公正、准确和真实的语言，但却忽视了教育的效果。有时，合适的"假话"更是一种教育的"佳话"。表扬允许适度的夸张。比如，孩子只是因为好奇新鲜而抢着帮妈妈倒垃圾，妈妈却夸奖孩子懂事，会心疼妈妈，帮妈妈干活，或是夸奖孩子热爱劳动等。这样的"假话"其实是有利无害的，能激起孩子更多的自信心，并起到向好的方向引导的作用。

漂亮的衣服，精美的礼物，这固然是孩子所喜欢的，不过，孩子更需要的还是充满欢乐和关爱的精神生活。在孩子遇到挫折和困难的时候，我们要及时给孩子传递爱的鼓励，让孩子重新站起来，坚强地去面对一切。

下面是鼓励孩子的三个要点：

1. 注意孩子天生的感悟力

不要认为孩子还小，看不出个阴晴冷暖来，其实人的感悟力和交流能力天生就存在了。也许小宝宝还不会说话，但他已经可以通过父母的语音和表情来感知父母是喜悦还是忧伤，比如笑脸和高昂快速的声音一般都代表快乐的情绪，当孩子感受到愉悦的信息时，他也会感到快乐。

2. 采用多元化的表达方式

孩子的年龄越小，给予他鼓励的方式就越要多元化，这样他才能从感官上得到最大程度的接受，比如鼓掌、微笑、拥抱、眼神的交流、说“你真棒”等，动作和语言相结合的话，效果会更好，因为孩子会感觉到更大力度的鼓励。

3. 鼓励要发自内心

虽然鼓励并不需要额外花费什么，但是请记住，所有的鼓励和赞美都要是发自内心的真诚的鼓励，一味地鼓励却只浮于表面，并不一定都是正向的积极的鼓励，反而可能让孩子对大人产生质疑和不信任感。

第六节　帮孩子走出抑郁

生活告诉我们，要使孩子树立自信心，最首要的就是让他感到快乐。抑郁情绪肯定是不会令孩子快乐的，不仅如此，孩子的抑郁情绪还会给家庭笼罩上一层阴影。

作为父母，如何帮助孩子走出抑郁情绪呢？

1. 为孩子创造良好的家庭氛围

有些父母常常因为忙于工作，只把家当做休息和睡觉的地方，还有的父母经常在家中说一些消极的话，比如对社会不满，自己受到不公平的待遇等，这些都会影响孩子心理的发育，孩子在少年时代常常感觉不到来自父母和家庭的快乐，也会出现消极抑郁情绪。

另外，父母之间感情冷淡甚至出现争吵等不良家庭氛围，也会给孩子的情绪带来不良影响。还有些父母把孩子的分数看得过重，也容易导致孩子抑郁情绪的出现。

对于孩子来说，家就是他的全部，所以一个温馨的家可以培养一个快乐的孩子。尽管工作很重要，但孩子的教育也同样是个大问题，因此，平时父母最好将那些没意义的应酬推掉，多抽点儿时间陪孩子，比如和孩子一起看看喜剧、小品、动画片等，或听听激动人心的音乐，让笑声驱散抑郁的情绪，让激动人心的乐曲带来生机。父母的关心和爱，以及温馨的家庭氛围都会使孩子的情绪变得快乐起来。

与此同时，父母还要给孩子做好榜样。父母的任何言行都会被孩子看在眼里，同时也是孩子的模仿对象。因此作为父母，你对人生、生活、挫折等要有正确的观念、承受力及应对良策，即使面临极大的困难，也应传达给孩子一种克服困难的勇气。如果父母一遇到困难，便唉声叹气，或者痛苦不堪，那么这种情绪就会传染给孩子，让孩子也感到压抑，影响孩子的情绪。

2. 真诚地鼓励孩子

对于孩子来说，没有什么能比父母真诚的鼓励更能激励他去热爱生活和追求成功了。作为父母，对于孩子在成长中不可避免的错误和缺点，要能够给予充分的理解和宽容；对于孩子的特长和获得的成功，要给予及时的肯定和鼓励。不论孩子是因为何种原因导致失败，他都会因此而痛苦，尤其是脆弱的孩子，在这方面表现得更为明显。这时父母应该体谅孩子的心情，千万不要雪上加霜，而应该耐心地对孩子加以劝导，鼓励孩子战胜失败，继续努力，迎接下一次挑战。绝对不可以盲目指责，否则更容易让孩子感到压抑。

不论任何时候，都不能太苛求孩子的言行和举止，试想一下，如果孩子兴冲冲地编了一个也许并不生动的故事，乐呵呵地跑来告诉父母，可父母却无动于衷，那会在孩子心中留下什么样的感觉呢？

3. 学会倾听

倾听不仅能帮助父母真正地了解孩子，而且对于孩子来说，也会释放

出他内心的压抑，从而消除顾虑。作为父母，在孩子紧张、不安，或者苦闷的时候，不妨试试耐心地听听他的诉说，让孩子感觉到父母能理解他，从而在内心产生欣慰之感，进而使紧张情绪得到缓解。

此外，父母还要舍得花时间陪孩子做一些有益的事情，要关心孩子的学习和学校生活，或者带孩子出门亲近一下大自然，以平等的朋友态度与孩子谈心、交流，让孩子觉得父母能够与自己分享喜怒哀乐，是自己无话不谈的大朋友。

4. 让孩子合理宣泄烦恼

如果孩子长期处于一种消极的情绪中，肯定会影响其健康成长。所以当孩子遇到困难时，父母要帮助他淡化压力，让他学会达观，告诉他人生不可能万事如意，不必把一时的困难看成永久的障碍，许多困难都可以克服，烦恼也都会烟消云散。有的人之所以一生快乐，并不是因为一帆风顺，而是他们的适应力强，拥有好心态，能很快振作起来。父母应以此来鼓励孩子走出困境。

当孩子被不良情绪困扰时，父母还要主动教给他一些宣泄情绪的合理“小窍门”，比如允许他大哭一场，或做一件自己喜欢的事情，还可以同好友一吐衷肠等。总之一句话，告诉孩子，不要将烦恼锁在心中，而应经常高唱“快乐属于我”。

此外，记日记也是孩子倾诉内心烦恼的方式。对于这点，父母一定要尊重孩子，不要去偷看，留一个空间给孩子，让他尽情地宣泄，这对排解抑郁是很有帮助的。

5. 鼓励孩子积极交往

带孩子一起参加一些运动项目，这样不仅可以强健孩子的身体，更重要的，让孩子经常与年龄相仿的小朋友一起运动或玩耍，可以促进他们交流，并能够使孩子与他人的交往变得积极主动，培养孩子合群的性格。

父母也可以把孩子的特点告诉给他的老师，让老师给孩子更多的关注。可以建议老师在课堂上有意叫孩子回答他肯定会的问题，然后再在同学们面前表扬他，帮他树立自信心，克服孩子在其他小朋友面前的羞怯感和自卑感。

当然，在父母和老师谈话时，一定不能让孩子看见，抑郁的孩子一般都很敏感，如果他看到了，可能还会产生副作用。

另外，父母还可以通过不同的活动来锻炼孩子的胆量，让孩子做他自己喜欢的事，追寻快乐，这样才更有利于他的成长。不仅要支持抑郁的孩子去做,对于平常的孩子,同样也应该鼓励他去做。如果他没有特别的兴趣，还要加以培养，让他忘情地跳、唱，把抑郁赶跑，换来一个好的心情。

总之，父母要用宽容、博爱的心去保护、体谅孩子的幼小心灵，做他们的引路者，让他们拥有积极的心理状态，愉快地去学习和生活。

6. 父母要有良好的情绪和个性

有的父母自己有抑郁、焦虑的情绪，在和孩子沟通的过程中，无法理解孩子的思想，这就容易导致孩子的抑郁情绪。如果父母本身是快乐开朗的人，那么就能够用更宽容的心去理解孩子。所以，作为孩子的启蒙老师，父母也要经常检查自己的情绪。因为父母本身固有的某种个性弱点也会带到和孩子沟通的过程中，所以父母一定要注意自己本身的个性局限，以便能够顺畅地和孩子沟通。

第七节　用表扬增强孩子的自信

一些父母常用成人的眼光去看待孩子的行为，认为没有几件事是值得表扬的。其实,对于年龄小的孩子而言,做好一些简单的事已经很不容易了。而良好的习惯和惊天动地的成绩就是由这些简单的行为累积成的。因此只

要有助于培养孩子良好的习惯，增强孩子的自信心，父母就要慷慨地给予表扬，年龄越小表扬越多，随年龄的增长逐渐提高表扬的标准。

在表扬孩子时，精神奖励与物质奖励二者可以结合运用。值得提醒的是，物质奖励一定伴随着言语的指导。不要过分强调物质这一外在的动力，应注意孩子内在动机的培养。在进行物质奖励前后，父母要具体说明为什么，让孩子明白奖励的原因。

有些孩子本来可以干好，也应该干好的事情，父母不应用奖励来刺激，否则会适得其反。物质奖励和精神奖励相结合，以精神奖励为主。当孩子表现得非常好，或长时间坚持好习惯时，可送给他一个喜欢的小礼物，让他惊喜一番。但这种物质奖励不能滥用，年龄越大的孩子越应采用以精神奖励为主的方法。

正确表扬孩子，父母应注意以下的六“要”：

1. 表扬要具体

表扬得越具体，孩子越容易明白哪些是好的行为，越容易找准努力的方向。例如，孩子看完书后自己把书放回原处，摆放整齐。如果这时父母只是说：“你今天表现得不错。”表扬的效果会大打折扣，因为孩子不明白“不错”指什么。不妨说：“你自己把书收拾这么整齐，我真高兴！”一些泛泛的表扬，如“你真聪明”、“你真棒”，虽然暂时能提高孩子的自信心，只是孩子不明白自己好在哪里，为什么受表扬，就容易养成骄傲、听不得半点批评的坏习惯。

2. 表扬要及时

对应表扬的行为，父母要及时表扬，否则孩子会弄不清楚为什么受到了表扬，因而对这个表扬不会有什么印象，更起不到强化好的行为的作用了。因为在孩子的心目中，事情的因果关系是紧密联系在一起的，孩子年龄越小，越是如此。

3. 表扬要适度

过分的表扬易使孩子骄傲自满，过少的表扬也不利于孩子身心健康发展。孩子的成长需要父母适度的鼓励和表扬。

有一个小男孩不管有没有病都向妈妈要药吃，原来这位妈妈平时不经常表扬孩子，只有当孩子有病吃药时才说上一句“能干”，致使孩子认为自己什么都做不好，吃了药才算能干，所以他经常以吃药来换取表扬，求得心理上的满足。

这不能不说是这个父母在育儿中的一个失误。

4. 表扬要注意个性

对性格内向、个性懦弱、能力较差的孩子就要多肯定他们的成绩，增强他们的自信心。反之，对虚荣心强、态度傲慢的孩子则要有节制地运用表扬，否则将会助长他们的不良性格，影响他们的进步。

5. 表扬要兼看结果和过程

孩子常“好心”办“坏事”。例如，孩子想“自己的事自己干”，吃完饭后，自己去刷碗，不小心把碗打破了。

这时父母不分青红皂白一顿批评，孩子也许就不敢尝试自己做事了。如果父母冷静下来说：“你想自己做事很好，但厨房路滑，要小心！”孩子的心情就放松了，不仅喜欢自己的事自己做，还会非常乐意帮忙去干其他家务。

因此只要孩子是“好心”就要表扬，再帮他分析造成“坏事”的原因，告诉他如何改进，这样会收到较好的效果。表扬在良好行为之后进行，而不是事先许诺，从而增强孩子良好行为发生的自觉性。

6. 表扬要注意年龄和方式

只有适合孩子的表扬方式才能收到最好的效果。表扬、鼓励的方式有很多，如：购买图书、玩具、衣服、糖果、饮料等物质鼓励；点头、微笑、搂抱、竖大拇指等动作、表情奖励；恰如其分的语言表扬；做游戏、逛公园、讲故事等活动性奖励。所有这些父母都可以有选择地加以动用。

不同年龄的孩子对表扬反应不同，年龄小的孩子，父母的搂抱、亲吻、抚慰等动作，讲故事、做游戏等简单的活动，漂亮、好吃东西等物质奖励会收到好的效果。而对年龄大的孩子这一套很可能行不通，这时父母采用竖大拇指、拍拍孩子的肩膀、微笑等动作，配合恰当的语言，赠送喜爱的图书等方式可能会收到意想不到的效果。

每个孩子都有自己的特点，哪种表扬方式最恰当且最适合孩子，就靠父母去用心选择了。希望所有的孩子都在父母适当的表扬中学会自信、进取、探索和自我激励。

第八节　帮助孩子克服自卑

怎样帮助孩子克服自卑感呢？

在现实生活中，确有许多孩子存在着对自己缺乏信心、瞧不起自己、总认为自己什么都不行、无法赶上他人的自卑感。孩子的这种消极的心理状态，会使自己沮丧、孤僻，以致悲观、失望。那么，怎样防止孩子产生自卑感呢？

1. 要善于发现孩子的“闪光点”

每个孩子都有一定的长处，也都有他的短处。作为家长，在生活当中要注意并善于发现孩子的优点和点滴的进步，并不失时机地给予肯定和表扬。孩子认为自己有优点，也能取得一定的成绩，便会增加取得更大、更好成绩的信心和希望了。

2. 不要贬低孩子

有些家长爱用大人或“神童”的标准去要求孩子，达不到要求就以侮辱性的语言讽刺、嘲笑孩子，数落他的短处，故意贬低孩子。经常受到这种斥责的孩子往往自信心受到强烈冲击，时间久了，就会在不知不觉当中接受家长的暗示，承认自己的素质差，慢慢地就失去了信心。因此，要帮助孩子杜绝自卑感，家长首先要改变对孩子的看法，要用家长的信心去鼓舞孩子的信心。

3. 不要滥贴“标签”

不管孩子表现如何，父母都不能随便作出“没有出息”之类的负面判断，也不能任意给孩子贴上“窝囊废”之类的灰色标签。因为这非但起不到教育的作用，还会使孩子形成错误的自我认识，孩子的自尊心也会受到伤害，对孩子的健康成长十分不利。

4. 要满足和引导孩子的表现欲

自我表现欲是青少年时期最主要的欲望之一。当孩子的自我表现欲受到压抑时，就会产生自卑感。但不要单纯抽象地用貌美、聪明、学习成绩好等来展现孩子的自我表现欲，而要尽可能地在具体的不同层次的其他孩子身上让孩子看到自己特有的优势，从而满足自我表现欲。

5. 要重视孩子每次成功的经验

要教育孩子重视自己每一次的成功经验。成功的经验越多，孩子的自信心也就越强。平时要注意教导孩子无论做什么事情都要量力而行，不可好高骛远，以免挫伤成功的积极性。

6. 要注意扬长避短

要让孩子知道，只要付出，就会有收获；付出得越多，收获得就越多。同时要让孩子明白，在生活当中具有多种才华和非凡能力的人只是少数，

人各有所长，又各有所短。要采他人之长，补自己之短；要扬己之长，避己之短。这样，就能充分发挥长处，取得更大的成绩。

要防止孩子产生自卑感，首先家长自己要有自信心，否则就不一定能成功。家长要多教育孩子，任何人都有自己的优点和缺点，不管是身体方面，还是其他方面，要使孩子能够扬长避短。

美国参议员艾摩·汤玛斯在小时候因身体原因，就有着较强的自卑感，他的母亲这样说过："儿子，你的身体不太好，你可以用你的头脑维生，用自己良好的语言表达能力取得成功。"因此，艾摩在母亲的教育下，避开了身体上的劣势，克服了自卑感，终于获得了成功。

如果孩子已经有了自卑感，家长可以多给孩子讲，许多人都有着自己的缺陷，都会产生自卑感，关键要能够克服自卑感。据说文学家列夫·托尔斯泰，曾为自己其貌不扬而自卑，他在校时，老师对他的评价也是不高的，老师说他哪方面都不行。但他没有自卑，扬长避短，不被不良评价所影响，最后终于写出了《安娜·卡列尼娜》等文学名著，成为世界级的文学大师。爱因斯坦在校时被称为不爱学习的孩子，爱迪生的绰号叫"笨蛋"，丘吉尔则两次大考落榜，但他们并没有因此而自卑，相反，他们都取得了成功。家长可以用事实帮助孩子克服自卑感，增强自信心，从而使孩子健康成长。

以下是几种帮助孩子克服自卑的方法：

1. 帮助孩子重新认识和评价自卑

适当程度的自卑可以使孩子认识到自己的不足之处，从而激发孩子奋发向上、拼搏进取。因此，自卑感及对它的克服、超越，可以使人完善自我，是走向成功的起点和桥梁。如果人没有自卑感，也就没了进取心。其实人人都会产生自卑感，只是程度不同而已。所以，父母要教会孩子正确认识和评价自卑，不要只看到其危害，更不能深陷其中、无法自拔。

2. 帮助孩子弄清自卑感产生的原因

只有找到了孩子自卑的根源，才能有针对性地加以引导和帮助。很多孩子自卑是由于自己的身体特点、家庭因素、学习成绩等，需要得到理性的引导。针对具体的原因，父母可以当面询问，或采用情绪引导等方法帮助孩子祛除自卑。

3. 引导孩子全面、客观地评价自己

自我评价是一种包含社会行为准则知识和主观经验的复杂的心理行为，是指对自身的思想、能力、水平等方面所作的评价。孩子应从以下几个方面对自己进行分析评价：学习能力，如观察力、记忆力、思维能力、创造力、想象力和实践能力；特殊能力，如绘画、音乐、书法、写作、体育运动等；学习态度方面，如有无兴趣、是否爱好、勤奋与否、竞争意识和独立性如何等；人品和个性特征，如自我控制和自我调节能力以及道德品质、理想信念等。父母可以引导孩子自评和他评。他评的具体做法如下：让孩子列举出自己的优缺点，并分别写在一张卡片的正反两面；再请其他的家人朋友在另一张纸上列出孩子的优缺点，两者比较，以得出比较客观的结论。父母应提醒孩子多注意自己的优点，增加其自信心。

4. 教孩子正确地运用心理防御机制

父母应教育孩子在遇到挫折的时候，从多角度辩证地看问题，形成“合理化认识”。比如当孩子因为考试成绩差而情绪低落时，父母就不要一味指责孩子，而要引导孩子从现状出发找成绩差的原因，除了分析主观原因，也要从客观原因入手，如题目的难易程度影响了孩子的发挥，这样能帮助孩子缓解自卑情绪。

同时，父母要教孩子利用“自卑补偿法”这样的心理防御机制以保持心理平衡，让孩子认识到，某一方面的缺陷和不足可以通过其他方面的优点和长处进行补偿和纠正。

父母通常可以引导孩子从两个方面进行心理补偿。一是以勤补拙，如果某方面存在不足，是由于自己努力不够而潜力没有充分发挥，那么就以最大的决心和毅力去弥补。二是扬长避短，如自认为长相平平，可以用优异的学习成绩来补偿；学习成绩一般，可以通过诸如书法、雕刻、绘画、音乐等方面的出色表现获取成就感。“失之东隅，收之桑榆”，父母应引导孩子理智地对待缺陷，寻找合适的补偿手段，从中吸取前进的动力，就能把自卑转化为一种奋发图强的动力。

5. 鼓励孩子进行积极的自我暗示

心理学家莫顿曾提出“预言自动实现”的原则，认为人们具有一种自动实现预言的倾向。爱默生也认为，在我们心灵的眼睛面前长期而稳定地放着一幅自我肖像，我们会与它越来越接近。所以，如果我们把自己想象成胜利者，将带来无法估量的成功的动力。当孩子感到信心不足时，父母应该引导孩子进行积极的自我暗示，把“别紧张，我能行”、“我一定能成功”之类的话写下来，或者大声说出来。

6. 帮助孩子正确对待失败

孩子在生活中难免遇到失败和挫折，由于承受挫折的能力很弱，对自己的评价还不客观全面，在困难面前就容易产生自卑。父母应及时了解孩子的心理变化，给孩子以指导，帮助孩子正确对待失败，克服困难。

陈雪霞的成绩在班里不错，有一次考试她因为临场发挥失常，结果分数考得很低，这使陈雪霞很受打击，产生了自卑的情绪。她害怕老师说自己成绩退步了，也担心同学嘲笑自己，不敢主动与老师和同学说话，心情与学习的效率都受到了严重的影响。

陈雪霞的妈妈是一个细心人，虽然她对女儿这次如此差的成绩也感觉有些不可思议，但她没有批评孩子，看见孩子现在处于自卑消极的状态里，她就抽空找女儿谈话，告诉孩子失败在人生当中是不可避免的，让孩子学会正确地对待失败，争取从失败中吸取教训，而不是沉浸在失败中盲目自卑，那样只会越来越糟。

陈雪霞听妈妈说得有理，以后开始好好学习，不再担心一些别的东西。这样，在下次的考试中，陈雪霞的成绩又提高了上去。

造成孩子自卑的原因中固然有许多无法改变的客观因素，但是，作为孩子生活中的重要角色——父母，对孩子自卑的发生与消除都起着决定性作用。父母对孩子的期望和评价、父母孩子间的语言和非语言的沟通方式以及日常的接触，这些对孩子作积极自我评价、恢复或增强自信心都具有重要影响。

当孩子发生了不幸或受到挫折，最需要有人安慰和肯定时，父母有没有拍拍他们的肩膀说“一切都会好起来的”？当孩子做错事或没达到要求时，父母有没有告诫自己不要给予他们处罚？当孩子为自身的缺陷而妄自菲薄时，父母有没有开导他们说这点儿缺陷并不是生命的全部？诸如此类的情况很多，在这些情况下，父母应审视自己是否做得恰当。

孩子的自卑并不是一朝一夕形成的，克服它也需要一个过程。父母应该有信心，有耐心，有恒心。在父母坚持不懈的努力下，孩子一定会逐渐克服自卑，建立自信，更加健康地成长。

第九节　克服孩子的孤僻

在丰富多彩的幼儿园和学校生活中，大部分孩子能很快适应幼儿园和学校的学习生活，但仍有为数不少的孩子胆小怕事，平时沉默寡言，不愿跟大家一起玩，没有同龄孩子那种爱动、贪玩、好奇的特点。他们腼腆，说话声音很小；主动要求少；不敢一个人外出；在游戏中与他人格格不入；常常一个人待在一旁默不作声；口渴了，不敢拿杯子喝水；老师引导其参与活动，得到的反应却是摇头或不予理睬，似乎周围的一切都与他无关……诸如此类的情况不胜枚举。这就是我们通常所说的内向、孤僻的孩子。

但是，孤僻、内向的孩子也有他们的优点，他们善观察、好思考，做事仔细，持之以恒。孤僻、内向的孩子最大的不足就是不善交往，难以适应环境的变化。社会发展需要孩子加强人际交往，需要他们豁达大度地去面对人生的各种挑战，需要具备良好的合作精神。因此，父母要格外关注孤僻内向的孩子。

父母要关注孩子的内心世界，分析其性格形成的原因。造成孩子内向、孤僻的原因是多方面的，主要是环境与教育的影响。

有的家庭以权威型模式教育孩子，父母过度限制孩子的活动，使孩子只能服从，没有表露意愿的机会，造成孩子唯唯诺诺，缺乏一定的交往能力；有的父母过分娇宠孩子，事事包办替代，使孩子丧失锻炼的机会；还有的父母过分严厉，孩子整日战战兢兢。有的孩子因为胆怯或有口吃的语言障碍，不习惯在人多的场合表现自己，此刻，父母不应强迫孩子去表现，甚至责怪他，这样做很容易伤害孩子的自尊心，使孩子变得更加退缩。研究表明，民主型的家庭气氛对孩子的健全人格的形成最为有利。因此父母应当把孩子当做独立的人来看待，尊重孩子的情感和需要，满足他们的合理需要与要求，并进行正确的引导。另外，家长应多为孩子提供与家庭成员及外界交流的机会。要保护孩子的说话兴趣，做孩子的忠实听众，使孩子有表达意愿的机会和倾诉的对象。在此基础上，家长要利用走亲访友、集体活动、外出游玩等机会扩大孩子的交往范围，把孩子逐步推向多种社交圈，使孩子在交流活动中逐步喜欢交往，继而变被动交往为主动交往，从而获得自我发展的信心和动力。

父母还要帮助孩子提高认知水平，使孩子懂得，孤僻、不合群会影响自身的进步。

要多多鼓励孩子的进步，提高孩子的自信心。平时可以经常向孩子介绍一些同学的优点和长处，鼓励孩子向同龄伙伴学习；也可以介绍孩子多看一些英雄模范小时候的故事，增强孩子走向社会、与人合作的意识。一旦当孩子由此表现出某种进步（即使是点点滴滴的微小进步）就充分肯定，使孩子逐步树立起自信心

第十节　纠正孩子的懦弱性格

首先，让我们来看看造成儿童性格懦弱的主要原因：

1. 过分保护的家庭教育

在过分保护的家庭教育下，由于家长溺爱孩子，不让孩子做力所能及的事情，生怕孩子苦着、累着、磕着、碰着，家长把孩子保护在一个绝对安全的状态之下，使其从来没有承受过外来的刺激或打击，没有学会自我保护，不知道如何去抵抗外来的侵扰，自然，这种孩子很易变得懦弱。

2. 过分严格的家庭教育

在过分严格的家庭教育下，由于孩子面对家长的强大压力，无法逃避，便习惯于对紧张刺激作出被动消极的反应。随着时间的推移，孩子在父母

面前的屈从，就可能发展为在别人面前的懦弱。

3. 父母的不良暗示

父母的不良暗示也可造成孩子性格懦弱。举一个简单的例子，一个雷雨交加的夜晚，孩子安静地睡在妈妈身边，由于妈妈听到雷声，看到闪电，惊慌地把孩子从床上抱起，孩子从妈妈惊慌的动作中，学会了害怕雷声、闪电，甚至从此一个人再也不愿在小房间里睡觉。

4. 父母的不适当的表扬

表扬是对行为的鼓励和肯定，起着心理强化作用。而不适当的表扬常可使行为向不良方面定型。如一位在公共汽车上遇到男青年欺侮又不敢声张的女学生事后对人说："爸爸从小就常夸我老实、听话，而且常常是当着亲戚朋友的面这样说。从此，我就慢慢失去了在陌生人面前抗争的能力，不会在众人面前哭喊，好像命里注定要逆来顺受。"这个例子说明，不适当的表扬可使孩子向不良的性格方面定型，变得懦弱。

由此可见，懦弱性格的形成与家庭教育不当息息相关，那么，如何改善这一情况呢？要矫正孩子的懦弱性格，家长和老师应力求做到以下几点：

1. 让孩子学会生活，把握自己

家长的包办代替是孩子形成懦弱性格的重要原因之一。一些家长对孩子百依百顺，不让孩子做任何事情。这等于剥夺了孩子自我表现的机会，导致了孩子独立生活能力的萎缩。心理学家指出，孩子的性格在游戏和日常生活中表现得最为明显，这也是纠正不良性格的最佳途径。爱模仿是孩子的一大特点，父母要让性格懦弱的孩子经常和胆大勇敢的小伙伴在一起，跟着做出一些平时不敢做的事，耳濡目染，慢慢地得到锻炼。

2. 让孩子接触同伴，锻炼自己

鼓励孩子走向社会，适应社会要改变孩子的懦弱性格，首先要去除家长的过分保护或过分严格的家庭教育。家长要有意识地为孩子创造外出活动及与他人交往的机会，尤其是由祖父母、外祖父母带养的孩子，更应从家庭的小圈子里解放出来。应经常带孩子到公园或其他公共场所去，让他们走向社会，接触外界，认识社会，适应社会。家长还应带他们走亲访友，去各地旅游，以开阔他们的视野，丰富他们的知识。家长应鼓励孩子与小朋友们一起游戏、交往，一起参加文体活动。

3. 尊重孩子，不当众揭孩子的短

相对来说，性格懦弱的孩子比较内向，感情较脆弱，父母尤其要注意保护孩子的自尊心。如果当众揭孩子的短，会损伤孩子的尊严，无形中的不良刺激可强化孩子的弱点。

4. 让孩子大胆地说话

鼓励孩子不怕陌生人,大胆说话。一些内向懦弱的孩子,不喜欢多说话，更不善于争辩，尤其在陌生人面前，大庭广众之下，更是如此。对于这种孩子，家长应多为孩子创造条件，提供让其大胆讲话的机会。比如孩子不敢在生人面前讲话，每当客人来时，家长应让孩子与客人接触，并求得客人的配合，让客人有目的地发问，一回生，二回熟，可逐渐改变孩子的懦弱性格。此外，家长可多为孩子提供独立思考、表达自己意见的机会。碰到事情，家长应多问孩子：“你看怎么办？”如果孩子说得对，家长应大加赞赏，给孩子以鼓励，使孩子获得自信和勇气。如果孩子说得不对，或表达得不确切，也不要责怪孩子，不要让他感到难为情，应指导孩子，让他自己思索为何说得不对。这样，可不断提高孩子说话的能力，克服孩子懦弱的性格缺陷。

5. 培养孩子不甘示弱的勇敢精神

懦弱的孩子最大的特点就是“怕”字当头，不管遇到什么事，第一个反应就是“怕”，怕这怕那。因此，消除“怕”字，大胆显示自己，是摆脱懦弱的最重要途径。家长应经常给孩子讲些勇敢者的故事和童话，告诉

孩子，只有勇敢才会成功，胆小鬼是什么大事也办不成的。

除此之外，家长和老师要经常沟通，统一口径，步调一致，争取早日让孩子告别懦弱，成为性格开朗、坚强勇敢的阳光少年。

第四章　发展孩子的创新能力

领导力的构成中少不了创新能力。一个缺乏创新能力的人无法跳出思维的桎梏，推陈出新，一个缺乏创新能力的领导者更会导致整个团队无法取得进步，甚至面临被淘汰的危险。所以，在培养孩子的领导力时，家长一定要记得发展孩子的创新能力。

第一节　发现孩子的创造力

如果孩子能提出不同寻常、出人意料的问题，回答出新奇的观点，也正是孩子用了与成人不同的思维形式的结果，这正是他的难能可贵之处。

具备前所未有的思想或创造出从未有过的东西之能力，叫发明创造能力。发明创造能力是一种生产性思维活动，它是人类经常进行的最高级的精神活动之一。

发明创造能力的大小，被公认为衡量一个人能力大小的重要标准。但是，一般情况下，人们总是把发明创造能力想得高深莫测，其实，每个人都具有发明创造能力，只是大小有所不同或者社会价值有大有小罢了。

孩子的发明创造能力，比起已经失去灵活思维的成年人，能产生更为惊人的结果，这种情况是屡见不鲜的。

据说美国有一位“神童”西迪斯，6个月能认识英文字母，3岁能用本国语言流利地读写，5岁对家里的骨骼标本及人体感兴趣，从而开始学习生理学，不久居然达到开业医师考试合格的成绩，6岁那年春天进入小学，上午9点编入一年级，中午母亲去接他时已是三年级的学生了，而且当年就小学毕业了。9岁就通过了哈佛大学的入学考试，但校方让他等了两年，11岁进入哈佛大学，入学不久作了一次关于四维空间这个数学难题的讲演，使教授们大为震惊……

对于许多孩子来说，当父母提出一个什么问题时，他们会做出父母所意想不到的解答。有的父母反而认为这是孩子智力发展不足的一种幼稚表现，常常付之一笑。其实，孩子的解答，可能蕴涵重大启示。

应该说，所有的人都具有发明创造能力。但是，很多人原有的发明创造能力却早早地被破坏掉了。所以，父母应该尽早发现、及时训练孩子这一方面的才能。

当然，尽管所有的人都具有发明创造能力，但并不是所有的人都具有贝多芬、毕加索、爱因斯坦和爱迪生那样的发明创造才能。

这里还要强调一下，不要认为发明创造能力与智力、学习能力是同样的东西，也不要认为发明创造能力是人们对问题获唯一正确解答的一种能力。所谓发明创造能力，是思考出过去谁都不曾有过的、崭新的解答的能力，这是一种特殊的能力，它与前面所要区别的能力完全分属于两种的思维形式。如果孩子能提出不同寻常、出人意料的询问，回答出新奇的观点，这正是他的难能可贵之处！

那么，发明创造能力较强的孩子有哪些特点呢？

1. 天资聪明，风趣幽默

俄国伟大的科学家罗蒙诺索夫诞生在一个渔民家里，他从小乖巧，风趣幽默，好学善问，是个卓尔不群的孩子。海滨渔村只有铺晒渔网的场所，没有上学的地方，他就创造条件学习，有时把邻居的书借来看，有时趁着跟爸爸去镇上卖鱼的机会，带着疑难问题到姑姑家里，找表哥或表弟帮助解答。一次两次还没引起姑姑全家注意，时间长了，姑姑打心眼里喜欢他了。

天资聪明而刻苦学习，终于使罗蒙诺索夫成为一位著名的科学家、学者、诗人，还是一位教育家。他创办了莫斯科大学，著有《论化学的效用》、《真实物理化学概论》等论著。

显然，天资聪明的孩子，其拥有发明创造能力的可能性也更高。父母应注意对这样的孩子进行更深刻的引导和启发，帮助其发挥发明创造的能力。

2. 有旺盛的求知欲和强烈的好奇心

普通的孩子有一个特点，他们总是相信自己所学的知识是对的，却很少想到这些知识有什么不对之处。因此，孩子总是用前人所用过的传统方式去看待事物。这样，他们只能见到前人已见到过的东西，只能想到眼前事物与前人已经发现了的东西有什么联系，却容易忽略新的联系。而有求知欲旺盛和好奇心强烈的孩子却不这样，他们对新鲜事物特别感兴趣，并且发现有意义的问题以后，能够请教老师和父母，因此他们进步很快。

美国大发明家爱迪生从小就对周围的事物充满了好奇心。由于他好奇，所以他不仅在生活中养成了多疑善问的习惯，还常常在家里搞些小试验、小发明。有一天，爱迪生气喘吁吁地跑来问："妈妈……妈妈！那只鸡……把蛋放在屁股……屁股底下坐着……干吗呀？"妈妈回答说，那是在孵小鸡，并为他讲了鸡孵蛋的原理。当天中午，爱迪生突然不见了，接连好几个钟头不露面。一家人急得团团转，四处寻找，结果在邻居家的仓库门前找到了他。嗬！小爱迪生在人家仓库里做了个"窝"，里面放了好些鸡蛋，一本正经地蹲在上头孵小鸡哩！充满好奇心的爱迪生，一生之中所发明的东西有上千种之多，给人类作出了巨大的贡献，被誉为"发明大王"。

3. 触类旁通、思维流畅，能把他人和自己的经验结合在一起

爱因斯坦曾说："为什么有些重要的科学理论往往是没有受过系统教育的人提出来的呢？正是他们具有创造性思维能力，能用新的方法去看待已有现象之间的关系，从而发现许多连专家也从未发现的联系。"

16世纪的天文大师第谷是丹麦天文台台长，他经过30年的观察，积累了大量的天文资料。但是，他总是按前人的观点，尤其是按照"行星绕太阳运行的轨道是个正圆"的错误观点去思考问题，所以，他的这些宝贵

资料只能作为单个独立的资料而已。而没有太多天文知识的开普勒，用了创造性的思维方法，通过对第谷的大量资料的研究，终于找到了其间的联系，发现原来行星绕太阳运行的轨道都是椭圆形的。

4. 喜欢幻想，爱做“白日梦”

因为传统的教育大多因循守旧，强调抽象语言和有序的学习方法，所以一些思维活跃的杰出人才常常不能被发现。历史上，许多后来被证明拥有杰出才能的人都未被及早发现，有的甚至受到埋没。

被誉为“发明大王”的爱迪生，八岁才上学。据说，他就读的学校里，老师一手拿着教科书，一手执教鞭，硬把课本上的知识往他们脑子里灌。一不对头，等待学生的就是一顿责骂。爱迪生对此甚为反感，功课很难学进去，加上他提的问题老师总不能回答，三个月下来，每逢考试，爱迪生总是全班倒数第一！老师说他是个“糊涂虫”！爱迪生哭着回家告诉了妈妈，妈妈气得拉着孩子找到学校责问老师。老师说：“你那孩子就会捣蛋！有回上算术课，别的学生听得挺专心，可他偏没话找话问：‘老师，二加二为什么等于四呀？’你说这不是捣蛋是什么？”

爱迪生的创造性思维方式与传统的日常功课格格不入，他将时间花在做“白日梦”上，思考自己感兴趣的问题，因而对学校的功课很少用心。

这样的例子很多。其实，在很多情况下，这些有天赋的孩子可能表现得爱幻想、爱做“白日梦”和顽皮等。所以，当孩子不太听话时，尽管可能存在其他原因，但家长必须考虑到有这样一种可能性：他很聪明，他很富有创造性！

5. 爱学善问，兴趣广泛

据说，现代火柴的发明者是一位名叫索里亚的中学生。他从小就是一个爱学善问、兴趣广泛的好孩子。他在小学读书时，不仅门门功课成绩名列全班之首，而且对自然常识特别感兴趣。别的孩子做完作业就算完事，他却不然。虽然老师在课堂上已经给他们做了试验，他回到家里总是还要亲手再试上一试。火柴的发明就是他在一次化学试验中的收获。老师讲硫黄、氯酸钾、磷都是易燃品，可做炸药……他就想，既然它们是易燃品，能不能用来做成理想的火柴呢？于是，他在家里搞起了试验，经过多次努力，终于成功了。

6. 不受约束，敢于冒险

富兰克林出生在美国波士顿城郊一个贫寒的手工工人家里，他只读了两年小学就辍学帮爸爸做工了。

一天，富兰克林跟着爸爸到远郊送货，路上见到一棵百年老松树被雷劈开，残枝败叶落了一地。围观的人无不望而生畏，纷纷说这是“雷公”所为。

富兰克林根本不相信有“雷公”，他认为雷电是几朵黑云相遇的结果。于是他想把几朵黑云装进大铁瓶。富兰克林学习前人经验进行了反复的试验。一次他把几只莱顿瓶连在一起，电容量加大了，不料一不小心，碰动了瓶里的金属棍，只见一团电火花随着一声脆响一闪就消失了。后来他把这种产生光和声音的现象叫放电现象。

为了进一步证实放电现象普遍存在，他于 1752 年 7 月的一天，冒着生命危险做了一次风筝试验。那天，天色阴沉，乌云翻滚，雷雨就要来临。富兰克林在风筝上端装一小段铁丝，使铁丝直插云层，绳弦末端接上铁片。这项实验终于证实雷雨中的闪电就是一种放电现象。接着，他发明了避雷针，为人类真正掌握电的知识，为人类征服自然、改造自然作出了突出的贡献。

7. 敢于对现状质疑，具有独立思考和工作的能力

意大利伟大的科学家伽利略的幼年，大部分时间是在修道院里度过的。孩子们进入修道院后，首先受到的教育是，上帝创造世界一共用了六天时间。

牧师说道：

“第一天，上帝创造了白天和夜晚；

“第二天，上帝创造了空气、水及广阔的宇宙；

“第三天，上帝创造了江、河、湖、海等；

“第四天，上帝创造了月亮、星星、云彩、雷、雨、露、霜、冰、雪等；

“第五天，上帝创造了飞禽、走兽、虫鸟；

“第六天，上帝创造了人类。”

牧师讲完后，大多数小孩子都伸直小手争先恐后地喊：“明白了！”可是伽利略想：“我怎么就和其他同学想得不一样呢？我怎么总有疑问呢？比如，上帝从哪里取的材料呢？有谁看见了呢？我可不能不懂去装懂！”

从此，伽利略对天地间的事情发生了强烈的兴趣。他找来有

关的书籍进行阅读，尤其是有关天地间的奇怪现象，他更是巴不得一睹为快。为了弄清楚天上的日月星辰、银河云层等自然现象，他花了十几年的时间，制成了一架能放大数倍的望远镜，终于亲眼看到了天体部分真实的现象，为人类的天文学作出了卓越的贡献。

8. 别出心裁，爱搞花样

美国的莱特兄弟是两个别出心裁、爱搞花样的人。兄弟俩本来是靠修理自行车过活的，本可以守摊混饭吃，但他俩并不满足现状。

一天，兄弟俩在马路上试骑刚修好的自行车，由于车闸失灵、路陡坡大，自行车一下冲了出去，吓得路上的鸡、鸭到处乱飞！

“哎！要把咱们的自行车变得能往天上飞，那该多好！”“把汽车、火车都安上翅膀，就都能上天了！”……兄弟俩真想搞点儿花样了。

“连小孩子都明白，铁跟空气比谁轻，想让很重的发动机飞上天，那不成神话了吗？”莱特兄弟的“花样”受到很多人的质疑和嘲讽。

但是，莱特兄弟没有被困难吓倒。他们一边学习理论知识，一边观察雄鹰盘旋、燕子高飞，花了大量的时间来钻研，经过十多年的努力，终于制成了第一架双翼飞机。兄弟俩高兴地把这架用内燃机做动力、用木料做骨架、用帆布做机篷的飞机叫做“飞行者号”。从此，莱特兄弟开辟了航空科学的新纪元。

当然，尽管所有的人都具有创造力，但并不是所有的人都具有爱迪生、莱特兄弟、富兰克林那样的发明创造天才。所以，对待孩子的发明创造能力，也不需要求太高，但只要有那么一点儿迹象，家长就应该努力去发掘、培养和进行更进一步的加强训练。

第二节　培养孩子的创造力的方法

要想培养孩子的创造力，父母必须首先了解创造力的特征，并能对孩子加以鼓励。有创造力的孩子对人与事物较敏感，点子多，问题多，常常是打破沙锅问到底，而且不会轻易满足简单的答案。他们回答问题时有自己的看法；常是不按牌理出牌；喜欢为事物想新奇用法；好奇心强、想象力丰富；充满幽默感；喜欢做较难、较具有挑战性的事；对有兴趣的事很专注，而且多才多艺。父母面对孩子具有创造力的行为时，要有耐心、会包容、会赞美，以鼓励孩子多多看、听、触摸、操作、探索。父母要倾听孩子的表达，热衷于他的想法，还要尊重他的意见及好奇心，这样有助于孩子创造力的培养。

针对如何培养孩子的创造力，教育专家给出以下方案，家长们可以参考实施：

1. 要在游戏中培养孩子的创造力

游戏是孩子的主导活动，在游戏中，孩子从单纯模仿发展到创造，他们逐渐创造性地开展游戏情节，创造性地扮演游戏角色，创造性地制作游戏道具等。

2. 音乐是培养孩子创造力的有效途径

心理学家和教育学家一致认为，音乐是促进孩子身心健康发展的好方式。因为音乐会促进大脑的发育，另外音乐可以丰富孩子的精神世界。

3. 早期的语言训练

对于学龄前的儿童来说，语言能力主要是听和说的能力，听说能力培养主要是在日常对话以及讲故事中进行。绝大多数的孩子都喜欢听童话故事，孩子在听这些童话故事时，就会兴致勃勃地进行启发性思维。家长还可利用启发提问的方式，刺激孩子的思考与语言表达，让孩子发挥想象力和创造力。

4. 激发孩子的好奇心

孩子的好奇心特别强，什么东西都要动一动，家长应鼓励孩子多动手。在实际操作中，可以锻炼孩子的手眼协调能力，锻炼手指部小肌肉的发展，相应地也就促进脑中对应部位的发展。

第三节　训练孩子敏锐的观察力

观察力并不是天生的，而是后天培养的结果。如果孩子从小得到科学的训练，它就能迅速地发展起来。国外曾有人做过这样的试验：对两组儿童进行训练，甲组进行一般的训练，乙组进行加强观察力的训练，一年之后，把一只两组儿童都未曾见过的鸟的标本给他们看，要求讲出这种鸟的特征。甲组儿童只停留在鸟的颜色上，而乙组儿童不仅能讲出鸟的颜色而且还能讲出各部分形状特征，有的儿童还能判断这种鸟的爪和喙很尖利，可能是一种猛禽。

心理学家告诉我们，敏锐的观察力表现为全面地把握事物的特征，善于发现事物的细微差别和变化，善于捕捉稍纵即逝的现象等。根据这些特点，家长可以本着由易到难的原则，从磨砺各种感觉器官和教以观察方法两方面入手来提高孩子捕捉信息的能力。

我们知道，观察是各种感官有目的、有计划、持久进行的感知活动。

因此，要使孩子具备敏锐的观察力，各种感觉器官必然得灵敏，这对孩子整个智力的发展都是十分重要的。19 世纪，著名意大利女教育家蒙台梭利通过对弱智儿童进行感官训练，使他们的智力达到正常儿童的水平；对正常儿童的感官进行专门训练，使他们的智力达到英才水平。可见感官训练是何等重要。下面具体谈各种感官的训练方法。

1. 实物辨别

（1）不同种实物的比较。如找出苹果和梨的异同。

（2）同一种实物的比较。如找出两片树叶、两朵菊花、两只蝴蝶、两个人、两只小鸡的异同。

2. 图形辨别

（1）从重叠图形中辨认各种物品。

（2）指出众多图形中哪个最大，哪个最小。

3. 字形辨认

（1）在众多字中找出一个与其他不同的字。

（2）在众多字中找出一个与给出的字相同的字。

专家认为，会观察的孩子更聪明。这里所说的观察并不是一般的看，一般的感知，而是一种有目的、有计划、比较持久的知觉形态。这种观察力对孩子的智力有重要意义。良好的观察力和观察习惯不是先天的，而是后来教育培养的结果。所以想让孩子有敏锐的观察力，家长们应有意识地培养。

第四节　增强孩子的记忆力

当孩子的记忆力非常好的时候，自然能提高他们的学习效率，增加孩子们进行创新的积极性。

那么，有哪些手段可以增强孩子的记忆力呢？父母可以参照以下方法来帮助孩子增强记忆力：

1. 重复记忆法

适用于年幼的孩子，父母不必担心孩子会产生厌恶情绪，因为小学低年级的孩子具有喜欢重复的心理特点。如果在重复的过程中加入一些新鲜的东西，效果将更好。

2. 儿歌记忆法

一般有节奏、能押韵的儿歌更易于记忆。如果能充分利用孩子机械记忆能力强的特点，让他们背诵儿歌和一些容易理解的诗歌，对于开发孩子的智力、扩大知识面大有好处。

3. 图表记忆法

图表记忆法与其他的记忆法相比起来有它特有的优势，图形、表格整齐形象，易于理解，是在学习过程中经常会遇到的。图表可以把平面变成立体，容易记忆，但它也有不足之处，就是信息含量有限，表达简略，不适合抽象概念。

4. 概括记忆法

又称压缩记忆法，是将记忆材料压缩概括，找出关键词句，减少记忆内容，以提高效率。如对于长篇大论，可抓住每个章节的关键词组，记住关键词便可知全文。

5. 系统记忆法

有些零散的材料，杂乱无章，难背难记，家长应教会孩子寻找一条主线，串连成系统，使之具有逻辑性，便于背诵。如背诵历代作家作品，体裁不同，名字陌生，应以时间先后或朝代推延为主线，然后串连成系统，记起来就容易多了。

6. 归类记忆法

把知识归类能最大限度地发挥大脑的存储功能。例如教孩子识字，可利用汉字的特点让孩子将汉字进行归类记忆。

7. 提纲记忆法

有些材料内容较多，了无头绪，给记忆带来很大麻烦。可教孩子将材料整理分类，拟出各部分提纲，用自己的语言加以叙述，并压缩到最少的字词，提纲挈领，进行背诵。

8. 规律记忆法

任何事物都有内部规律，找到材料的规律性，可简化记忆。如数学公式大都由简单到复杂、由初级到高级，具有严密的逻辑性，应依照其发生、发展规律记忆，不要打乱其逻辑联系。

另外，常吃一些能够增强记忆力的食物，也会对孩子的记忆力起到很大的帮助。因此，父母可以在孩子平时的饮食中加入一些能够增强记忆力的食物。

1. 鸡蛋

鸡蛋是完全蛋白质模式，人体的吸收率为 99.7%。如果是记忆力衰退的人，每天吃，可有助于改善记忆（不适宜胆固醇高的人）。孩子从小适当吃鸡蛋，有益发展记忆力；特别是蛋黄，蛋黄中含有叶黄素、卵磷脂等脑细胞所必需的营养物质，可增强大脑活力。

2. 牛奶

牛奶富含蛋白质、钙及一些大脑必需的维生素。用脑过度或失眠时，一杯热牛奶有助入睡。

3. 花生

花生等坚果富含卵磷脂，常食能改善血液循环、抑制血小板凝集、防止脑血栓形成，可延缓脑功能衰退、增强记忆、延缓衰老，是名副其实的“长生果”。

4. 鱼类

鱼类可以向大脑提供优质蛋白质和钙。淡水鱼所含的脂肪酸多为不饱和脂肪酸，能保护脑血管，对大脑细胞活动有促进作用。

5. 贝类

贝类几乎不含碳水化合物及脂肪含量，几乎是纯蛋白质的物质，可以快速供给大脑大量的酪氨酸。因此可以大大激发大脑能量、提高情绪以及提高大脑功能。

增强孩子的记忆力是培养孩子创新能力有效途径之一，因此，父母除了平时多注意孩子的营养膳食，让孩子从中汲取能够增强记忆力的营养物质外，还要注意采用一些系统的方法来帮助孩子训练他们的记忆力，让他们无论在学习还是在生活中都能够取得飞速的进步。

第五节　鼓励孩子模仿

对于孩子的模仿能力，家长不要打扰或反对，而是应该给孩子提供一定的条件或环境，让孩子的这一潜能得到尽可能的发挥。

从艺术欣赏的角度来看，在人类最早的艺术创作中，模仿占有突出的地位，模仿是人类的天性。那么对于孩子来说，模仿是他们最初的创新才能的显示，不论他们模仿得像与不像，孩子在模仿之前都需要经过认真的观察，模仿时都需要发挥各种思维能力，包括记忆力、想象力、抽象思维能力等才能达到模仿的目的，孩子如果特别地喜欢模仿并且模仿得很像的话，很可能是孩子具有创新潜能的初步显现，家长们千万不要错过利用孩子的这一兴趣培养孩子创新潜能的机会。要知道，不仅对孩子的智力发展没有坏处，反而有极大的促进作用。

培养孩子的模仿能力，可以从孩子一岁半到两岁半时就开始。在领孩子观看了动物以后，让孩子模仿鸡是如何叫的、猫和狗是如何叫的，小鱼

是如何吃东西的，小鸟是如何飞的，小猫是如何走路的，等等。这些不仅能培养孩子的模仿能力，而且对孩子的记忆力、观察力、思维能力都是很好的培养和锻炼，也能使孩子获得更多的知识。在有条件的时候，给孩子提供实地观看艺术表演的机会，或者通过电视、电脑等媒体给孩子提供观看艺术表演的机会，看过了之后让孩子学着模仿表演。观看士兵的操练、观察交通警察如何指挥交通，过后让孩子模仿。对于孩子的模仿给以积极的肯定和及时的表扬，这些都对提高孩子的模仿能力很有好处。

在鼓励孩子进行模仿的同时，家长还应注意以下几点：

1. 给孩子树立良好的榜样

在一个公益广告里，一个小男孩看到妈妈辛苦地服侍奶奶洗脚，他也模仿起妈妈，从厨房里打来了一盆水，尽管水溅了一地，小男孩还是很高兴，他对妈妈说："妈妈，洗脚……"

在孩子成长的最初几年，父母是孩子最直接的模仿对象，因此，父母一定要注意自己的言行，为孩子提供一个良好的榜样。

当孩子一岁以后，认知能力和语言能力逐渐增强，这时，父母不小心的一句不文明语言，孩子可能马上就会学会。因为无论是词汇、语句、基础语法，还是脏话，都可以通过模仿学习到。当孩子开始学说话的时候，他肯定模仿父母的发音，父母的用词和常说的口头禅。可见，父母需要格外注意自己的言行。

最近，妈妈用榜样的方式终于让倔犟的格格学会了认错。原本，格格即便是自己错了，也是倔犟地不愿意认错的，如果强迫她认错，她只会与爸爸妈妈抬扛、哭闹、发脾气，甚至打人。后来，妈妈就利用孩子的模仿心理，在自己做错事情的时候，都对格格说："格格，这次是妈妈错了，妈妈向你承认错误，不过，知错就改的孩子都是好孩子，你还会一直爱我的，是吗？"格格很大方地说："是的，没关系，我会一直爱你的！"一次一次的演习，让格格明白了认错不是一件没有面子的事情，认错后依然可以做个好孩子，认错也不代表妈妈会减少对自己的爱。于是，她学会了主动认错。现在，只要她做错了事，她就会主动地说："妈妈，这次是我的错，你原谅我吗？"

2. 鼓励和帮助孩子模仿

模仿是孩子学习的主要方式之一，鼓励和帮助孩子模仿，可以促使孩子走向独立。

比如，孩子通过每天看见父母穿衣和刷牙的动作，逐渐就会模仿学习这些技能，要求"自己做"。一旦他有能力自己做的时候，那么他就逐渐变得独立起来了。这个时候，父母需要给孩子提供一些他自己能够使用的物品，鼓励孩子模仿大人，充分满足孩子的这种"自己做"的强烈愿望，比如，孩子专用的小碗，孩子自己可以倒水的小杯子，以及自己的小牙膏、小牙刷等。

当然，鼓励孩子模仿他人行为时，孩子有可能会失败或者犯错误，这时，父母要鼓励孩子反复尝试，直到孩子品尝到成功的乐趣为止。

妈妈把中药倒到杯子里后，每次都是插入两根吸管，然后对甜甜说："来，吃点苦苦的药，把肚子里的病菌都杀死！药不苦可杀不死病菌呢！"甜甜很痛恨细菌，于是决定吃药。然后，她说："妈妈，很苦呢！"妈妈说："你看，像妈妈一样，用力吸，直接就咽到肚子里，这样就不太苦了，不要慢慢地尝味道。"然后，妈妈给甜甜示范样子，甜甜见妈妈眉头也不皱地吃药，她也一鼓

作气把中药全部吸进了肚子里。现在，妈妈只要把温度适中的中药倒进杯子里，然后放一根吸管，放在餐桌前，甜甜会主动坐在椅子上，一口气把中药吃完，无须妈妈帮忙了。

3. 及时纠正孩子的不良行为

孩子的模仿能力很强，但是，他们的判断能力却很差，有时候根本就不知道自己模仿的行为是不对的。家长如果发现孩子有不良的模仿行为时应当及时地予以纠正，并引导孩子分辨什么该学，什么不该学。

家长要告诉孩子，反面人物的语言、动作是反映这些人的丑恶本质的，如果不假思索、随心所欲地模仿，就会身受其害。孩子一旦认识其危害，就能坚持文明礼貌，不再模仿反面的东西。

不过，话说回来，意识上纠正是一回事，行动上真正纠正是另一回事，孩子从理念转化为行动需要很长的时间，最考验家长的就是耐心。

4. 帮助孩子判断是非好坏

模仿是孩子的天性，孩子往往看见别人玩什么，自己也玩什么；看见别人有什么，自己就想要什么。随着年龄的增长，接触事物范围的扩大，知识经验的积累，孩子开始模仿电影、电视、故事中的人物形象。但是，这一阶段，孩子判断是非、好恶、美丑的能力较低，因此，许多孩子出现了不良模仿的行为。

事实上，不良模仿的背后隐藏的是孩子缺乏判断力。因此，家长最重要的任务是要帮助孩子判断是非好坏，让孩子建立起自己的判断力。

比如，家长要经常和孩子一起讨论研究电影、电视、故事中的人物形象，正确引导孩子评价一个人物。当然，评价一个人物时不应停留于表面情节和人物的直观形象，要教育孩子学习英雄人物的勇敢顽强，憎恨敌人的卑鄙凶残。父母要多向孩子介绍正面人物的形象，帮助孩子理解好思想、好品质，使他们从模仿正面人物的表面行为，提高到学习正面人物的思想品质上来。久而久之，孩子就会主动模仿一些正面人物的形象，学习他们的优良品德和崇高精神，促进正确道德观的逐渐形成。

同样，在现实生活中，各种人物和事物既有好的，也有坏的；既有正面的，也有反面的；既有积极向上的，也有消极颓废的。作为家长，要引导孩子在模仿中学习好的东西，摒弃坏的东西，让孩子学会有选择性地模仿。

第六节　鼓励孩子创造和想象

创造力在生命之初便开始萌芽，孩子开始意识到他做的一切是有价值的。他了解这些，因为他能依靠作为家长的你，或者其他在生命中爱护他的人，而你们会回应他的目光、姿势和动作，即使他还不会使用词语。当孩子在地板上爬，你跟着他，让他带着你爬，他不仅会被你的古怪行为逗得大笑，还会感受到他作为领导者、创始者的快乐。如果你把一个毛茸茸的大枕头放在他面前，注意观察他会不会爬到它上面，钻到它下面，或是绕着它爬。如果你模仿他的行为，他会觉得自己很重要。让自己对意想不到的方位产生兴趣，他会认为这是对他辛苦爬行工作的奖励。

对孩子发展创造力的所有最初行动都给予热情回应，你就是在鼓励他成为一个趋势确定者，而不是一个跟随者。当他三五岁开始使用词语表达自己的想法时，假装游戏能让他探索到更新的、更丰富的领域。如果你一直参与类似的情景剧，漂亮的公主被一口尖牙的狼惊吓，而你已经第十次扮演那个又大又坏的狼，那么你就可以试着添点儿新花样。让你扮演的狼倒下，撞伤了肘部，哭着呼喊妈妈。用很多出人意料的行为帮助孩子跳出框框去思考。

当他进入小学，开始撰写未来的想象之旅，有兴趣展示自己热情洋溢的想法。这时，提醒他回忆在天文馆里是什么样的感受，仔细询问他笔下的人物的眼神和声音是什么样的，看你的问题是否可以帮他构思更复杂的

故事脉络。

当他开始攀爬成长之梯，你要帮助你的孩子更多地运用感官与技巧。如果他特别擅长绘画，建议他为自己的画编个故事。如果他不喜欢艺术项目，而是喋喋不休，看他是否喜欢用他的双手描绘一个他刚刚讲给你的情境。

当孩子读中学，注意力转向运动，或者独自钻研音乐和绘画等，你要鼓励他首先要适当掌握一些基础技能，以此帮助他维持这些兴趣。所有的孩子都能欣赏到专业舞蹈者舞姿的美妙或优秀绘画作品的赏心悦目，但是，当他们在自己身上看不到这种天赋，或看不到拥有这方面本领的迹象时，就会很快放弃。

尽管必须掌握舞蹈的基本动作，或者弹奏音阶，或大量素描，但是这些基础能力必须具备，无可替代，不过对于你和你的孩子而言，尽量少使用枯燥严格的方法，而是采用更有兴趣的方式去掌握所需技巧，这一点很重要。当练习的过程可以有更多的变化时，那么无论孩子是弹奏音阶，重复练习某一动作还是描摹一幅画作，便都会进展得更好、更顺利。

如果鼓励孩子去掌握这些技能，将自己独特的天赋用在这过程中，并且让他认识到并非只有这种方法才可以成功，那么，创造的乐趣与适应的乐趣就能让他在这些基础训练中保持对这一活动的爱好。还要让他懂得：在了解每件需要了解的事情之前，他应该暂时搁置自己的想法。

哈佛大学的心理学教授埃伦·兰格在她的书中强调，如果我们准备让直觉和创造力来帮助我们，那么我们要避免给自己的思想设置条条框框，或给自己设下过于严格的规定："如果我们的思维被限制在某一事物上，或者做事的某一方法上，不动脑子就作出判断，那么我们会抹杀我们的直觉，忽视周围很多现实世界的事物。"

当你的孩子长到十一二岁，他将表现出更高级的反应能力。鼓励他质疑你，让他提问："那么，如果……会怎样？"或者是："如果我这样做，会得到这样的结果，但如果我那样做，又会怎样？"在他十七八岁时继续和他对话，这将关系到孩子的未来发展。让孩子清楚表达所见的世界，以及未来几年的世界，尤其在他表现出兴趣的领域。尊重他的这些想法，甚至那些可能第一次听起来有些微不足道的想法，这些想法似乎很傻，但也许能让他联想到一个更好的想法。伟大的想法来自出人意料的方式。

鼓励孩子“不按常理出牌”。对于想象力的缺失，很多人只把责任推在教育制度上，殊不知孩子想象力的培养和锻炼是从小就要开始的，而且，家长的作用要远远大于学校和老师的作用。

具体而言，作为家长，你可以参考以下方法培养孩子的想象力：

（1）常给孩子做一些想象力方面的训练。比如给出一些简单的符号：一条线，一个半圆，一个圆圈，让孩子根据这些来组合故事，鼓励孩子尽可能多地组合一些更复杂、完全不同的故事出来。

（2）鼓励孩子拆装废旧物品，适当给孩子买一些智力玩具。比如废旧的钟表可以让孩子拿去拆装，甚至家里的电脑等器物，你都可陪孩子一起拆装维修。

（3）多让孩子做一些脑筋急转弯的练习，鼓励孩子思考时多转几个弯。如果给出“树上有十只鸟，用枪打下一只还剩几只”这样一个问题，幼儿园的孩子的问题就比较多，比如有孩子问，这只鸟有没有怀孕、这十只鸟里面有没有聋子等。这些在成年人眼里不按理出牌的行为其实是非常可贵的，值得鼓励和提倡。

（4）对待孩子的“为什么”应该认真而不是敷衍。孩子三岁以后，右脑开始快速发育，左脑主思维，右脑就是主想象力的。这个时候孩子会问家长看起来十分奇怪的各种问题。有的家长面对孩子的问题会不耐烦，甚至会责怪孩子脑子有问题。对于孩子的问题，如果是不复杂能解释的，家长应该认真回答。如果自己搞不懂，可以反问孩子为什么，鼓励孩子去思考，去想象，对于孩子的一些问题，答案正确与否并不重要，重要的是如何启发他的想象力。当然你也可以和孩子一起查图书资料或上网找答案。

第七节　重视孩子的好奇心

儿童的天性是好学好问的，对周围的事物都感到新鲜有趣，上至云电风雨、日月星辰，下至海洋生物、河流山川，他们什么都想知道并且认为家长什么都知道。于是他们从会说话起，就不管家长有事没事，缠着提些稀奇古怪或被家长看来根本就不值一提的问题。家长对孩子提出的这些问题一定要正确对待，切莫等闲视之，甚至批评不该提这有时连大人也说不清道不明的问题。实际上这种好奇好问的天性说到底就是一种渴求知识的欲望的“幼芽”，且这株幼芽是十分娇嫩和脆弱的。如果家长能精心保护，耐心教育，科学地为之“施肥浇水”、“除草灭虫”，它就会呈现出勃勃生机；如果保护不当，就会使之遭到摧残，甚至被扼杀。

所以，家长应该先和孩子交朋友，与孩子建立和谐、融洽的亲情关系和朋友关系，使孩子敢于在家长面前敞开心扉、无拘无束、毫不保留地把内心世界展示出来，然后家长才能真正地透过孩子的表情、眼神、姿态、动作来窥探孩子内心的秘密，知道他想些什么、干些什么以及为什么这样想、这样干。家长的首要任务就是要不断培养孩子的创造性。

开阔孩子的视野，激发求知欲，有计划、有目的地引导孩子多走走、多看看、多感受变幻莫测的自然风光，五光十色的艺术品，扑朔迷离的社会生活。这样不但可以满足孩子的好奇心，而且可以激发孩子的求知欲。

在教育孩子的过程中，家长应经常为孩子提供或创造获得成功的机会。诸如提些简单的题目让孩子思考，安排些力所能及的活动让孩子操作，使孩子从中尝到成功的欢乐，进而增进其求知欲。

以下是几条具体的建议，供家长们参考。

1. 用书籍包围孩子

哈佛大学的研究表明，如果孩子随处都能接触到书籍，那么他的阅读兴趣、好奇心和求知欲就容易被激发。所以，让孩子的身边充斥着不同种类的印刷品，报纸、杂志、书籍、辞典……是让孩子爱上读书、培养孩子好奇心的一个好方法。所以，不要把你家的书籍束之高阁，而是放在孩子随手可以拿到的地方，餐桌、床头、沙发靠背甚至汽车后排座位上。从孩子很小开始，你就可以给他一些旧报纸、旧杂志，任凭他把它们撕得七零八落。慢慢地，在家里确立一个看书或者讲故事的时间，让阅读成为一种习惯，并且让孩子从中感受到乐趣。

2. 收起他的玩具大军

什么是最好的玩具？答案很简单：只有被孩子彻头彻尾玩过的玩具，才是最好的。所以最有效的办法收起他的玩具大军，只留下几样在外面就可以了。这样，孩子就不会漠视它们中的任何一个，而无论是锻炼手眼配合的，还是协调能力的，是激发想象的，还是增长知识的，都可以物尽其用了，孩子的好奇心也会在这过程中被激发出来。

3. 从孩子的爱好入手

如果孩子迷恋恐龙，你可以经常带他去自然博物馆，或者到图书馆里给他借一些史前动物的画册，当然适当的时候也可以买一些模型玩具，随时在家里上演“侏罗纪大战”。不要对孩子迷恋一些冷僻的知识而失望或担忧，恰恰是这种独一无二的爱好更能够维持得长久。美国芝加哥大学针对天才运动员和天才艺术家进行的一项调研显示，这些人的共同之处就在于，他们的父母都是从很早就开始认可和鼓励他们的特殊爱好，并且尽最大可能提供帮助。

所以家长们的使命可能就是：“孩子指出方向，我们扫清障碍。”所以，尝试尽早开始培养和捕获孩子的兴趣点吧。最简单的做法就是让他尽可能多地接触外界事物，并且给他足够的时间去探索和发现。

4. 提有水准的问题

我们都知道，提问可以激发孩子的学习兴趣，但是我们却常常提一些没有水准的问题。有时候，孩子给出的答案让我们欣喜若狂，于是我们就

不停地重复这个问题，想重温一下当时的快感。但是孩子可不这么觉得，他已经告诉过你这块积木是绿色的，你如果还要反复测试，他就会感到厌烦。所以，如果你希望孩子能够保持高昂的学习热情，就不要总用常识性的问题“骚扰”他。

此外，提问一定要涉及细节。这不单是让孩子知道你关心他的生活，也是一种帮助孩子学习的方式。因为当孩子从乱糟糟的世界中挑选他感兴趣的人或事并讲述出来的时候，他就已经在学习了。不要因为有些问题你自己不知道答案而刻意回避，这正是向孩子示范如何学习的最佳机会。你带着孩子一起查字典、上网、逛科技馆，不仅仅是为了获得答案，更重要的是让孩子了解获得答案的方法。

5. 不要用奖赏作诱饵

当孩子帮助我们完成一些家务劳动后，我们可能会象征性地给他一些报酬。那么，这样的方式用在学习上是否妥当呢？很多儿童心理学家都认为，通过物品或者金钱作为刺激，只会减弱孩子主动学习的兴趣和好奇心，它会使孩子把学习当做一个任务，而不是一件充满乐趣和惊喜的活动。只有当孩子对一件事情由衷地感兴趣的时候，他才能学得又快又好又开心。

6. 适当的时候抽身而退

很多父母在无意中会影响孩子自己的探索脚步，他们为了提高孩子的效率，经常跳出来说：“不对，你这样就错了。来，看妈妈怎么做！”我们应该鼓励孩子自己去发现，但同时也让孩子感觉到我们就站在他身后，在需要的时候随时能够提供帮助。虽然孩子在独立探索的过程中会绕弯路，但是这正是他需要的学习过程，并且能够更长久地鼓舞他的学习热情和好奇心。经过这个过程建立起来的自信，会帮助他继续前进。

关注过程而不是结果，如果你希望孩子成为一个有好奇心、好学的人的话，那么请更多地关注“他在做什么”，而不是“他做得怎么样”。除非你只在乎他是否能获得好成绩，而不是他是否喜欢自己正在做的事情。

第五章　增强孩子的学习能力

学习能力是伴随着孩子一生的一个至关重要的能力。孩子从一生下来就开始学习，进入学校后更是要将全部精力用于学习。即便是将来步入社会、走上领导岗位，要想进步，也必须不断学习。因此，学习能力的强弱，关系到孩子进步幅度的大小，也决定着孩子将来能否成为合格的领导者。

第一节　给孩子提供良好的学习环境

环境是影响人们成才的重要条件之一。

家庭作为孩子生活的基地，能否为孩子创造良好的学习环境，对孩子的学习有着直接的影响。我国古代就有孟母三迁的故事，孟母为了让孩子不染上市侩气，成为一个学识渊博的读书人，不厌其烦，多次搬家择邻，为孩子创造合适的学习环境。孟母这样重视环境对孩子的影响，是值得后人借鉴的。

环境本身就是一种教育，它用潜移默化的方式影响着孩子。孩子的模仿性很强，悄悄地观察着世界，周围环境发生的一切在孩子的心灵中常常留下深刻的印象。而孩子的鉴别能力还很低，不能有选择地接受环境的影响，因此父母一定要尽力为孩子创造良好的环境。

一提到家庭要有良好的学习环境，有的父母可能就会想到学习的物质环境，如安静的住所、明亮的书房等。当然这些都是孩子家庭学习环境的具体内容，但是并不能把学习环境只归结为物质条件，还应该包括家庭的学习氛围，父母对孩子学习的重视程度等。

良好的家庭学习氛围要靠家庭成员首先是父母的自身来创造，父母对待学习的态度和行为是建立良好的学习气氛的关键所在。父母热爱学习，把学习作为业余生活的最大爱好，把谈论学习作为家庭的重要话题，家庭就自然会形成良好的学习气氛。

那么，应该具体怎样做才能为孩子营造一个良好的家庭学习环境，让孩子能开开心心地学习呢？

家庭学习环境主要包括硬环境和软环境。

硬件环境主要包括安静的住所、明亮的书房、舒适的桌椅、合适的灯光、必备的学习用品等物质条件。这些环境对一般家庭来说都不难做到，只是

根据家庭经济实力，做到的程度不一样而已，条件好的家庭提供的环境就更好点，条件差点的家庭提供的环境就差一些，这里就不一一详说了。

一个家庭的软环境主要包括家长的学习兴趣与认识，对学校、对教师的态度，家庭的经济状况（生活条件），居住条件等因素。这些就不是单有经济实力就能办到的，一些家长自己下班回来只顾自己娱乐，不是放录音机，就是开电视机，或是把一些无所事事的人约到家里喝酒聊天，玩牌，打麻将。因此，软环境的营造需要家长们足够重视。

父母对家庭学习环境的建设应足够重视。家庭环境事关孩子是否能够健康成长，事关孩子的未来发展，是很严肃、很重要的事情，不能忽视。要给孩子创造一个良好的家庭环境，所谓良好的家庭环境就是全家人要融洽、和睦、团结友爱，这样才能培养出一个活泼开朗、热情率真的孩子。家庭和睦、家人相亲相爱，孩子就会开开心心，不会因为家庭的争吵、不和而影响到情绪，也会有一个很好的榜样作用，这是很重要的。

要想让家里有一个爱学习、求上进的气氛，家长的榜样作用十分重要。孩子们一般喜欢并尊重有文化、有教养、好学上进、作风民主、举止文明、关系和谐的家长。特别是家长的学习兴趣，在一定程度上会影响到孩子的学习兴趣，从而间接地影响孩子的学习成绩。孩子生长在一种充满学习气氛的环境中，很容易萌发一种自发学习的需要，以至于形成一种千金难买的自觉学习的行动。因此，家长应率先热爱学习，形成家风，以自己的言行熏陶子女。

家长对学校、对教师的态度也很重要。家长应该多向孩子讲述自己小时候在学校的趣事，向孩子多传达一些自己对学校美好的向往、美好的记忆，努力培养孩子对学校的情感。否则如果家长给孩子传递的都是自己多么多么不愿意上学、学校生活多么多么枯燥无味等一些消极信息，可以想象孩子对学校的态度会是什么样。

无论家庭经济状况、住房状况如何，家长一定要给孩子提供一个固定的学习地点。孩子在学校里有固定的座位，在座位上的任务就是学习；在家里，孩子也应当有个固定的学习地方，它的作用主要是形成一种学习地点的定向，就是说，每当孩子在习惯的地方坐下来，便条件反射般地想到学习。有条件的可以单独安排一个房间，住房条件不允许的，也要为孩子安排一个角落，放一张书桌，供孩子存放书和作业本，使孩子处在井然有序的学习环境中。

家里可以根据经济情况和孩子的兴趣订阅一些报纸杂志，茶余饭后家长翻看翻看，一方面自己拓宽知识面以便有与孩子交流的背景知识，另一方面可以以书中的某些内容为话题与孩子进行讨论与交流，这对做孩子的榜样、促进孩子学习、促进亲子情感交流、防止“代沟”的产生等都有非常重要的意义。

第二节　培养孩子读书的习惯

首先，家长应该明白培养孩子阅读习惯的重要性：

1. 阅读是现代人基本生存技能之一

在现代社会中，阅读可以说是基本生存技能的一种，但这种技能不是天生便具有的，而是需要刻意培养的。一份合同中如果有一个重要的字不明白其含义，就有可能会带来无尽的损失；重要考试中有一个地方没读懂含义，就有可能回答得驴唇不对马嘴；在公开场合读错一个字或者说错一个词，就很可能会招来周围人的嘲笑；商品说明书中如果有一个词不认识，就可能将使用方法搞错。可以说，在现代社会中，阅读与人们的日常生活是密不可分的。

2. 阅读培养学习能力

阅读培养孩子最基本的理解能力，阅读还直接影响孩子的语言能力（例如口头表达和作文）以及倾听力（也就是说课堂上能否集中精力听讲，完全领会老师所讲的内容）、抽象思考力（从阅读中培养的想象力），对文字和书的亲近感以及对知识的好奇心。

从 2000 年起，经济合作与发展组织每三年组织一次以 15 岁学生为对象的学生基础能力评估测验，也称 PISA（国际学生评估项目）。在 2000 年与 2003 年的 PISA 中，毫不起眼的岛国芬兰少年的阅读素养与科学素养连续两次获得了世界第一，数学素养为第二。这一结果震惊了全世界，教育学家们纷纷去芬兰参观取经。他们发现芬兰人教育成功的秘诀有三：教师的水平高，原则上必须取得硕士学位；小班授课与补习制度让每个学生都跟上进度，不放弃每一个学生；无论是大人还是孩子都酷爱读书。芬兰是全世界图书馆利用率最高的国家，在 PISA2000 年的调查中，芬兰人每日阅读量居世界首位。爱阅读不得不说是芬兰人学习能力强的一大秘诀。

3. 书籍给人以生存的勇气和力量

一个人在短短几十年里不可能品尝人生所有的酸甜苦辣和爱恨情仇，书籍可以帮助我们在有限的时间和空间里阅读全世界，思考和谈论抽象的东西，追随作者的心情和感受，纵向可以谈论历史，横向可以比较各个国家和地区。让我们即使没有相同的经历也可以理解别人的内心感受。在没有把握的时候用书籍去印证，迷惘的时候去书里寻找解脱和安慰，遇到挫折时从书中汲取力量重新站起。读书的人和不读书的人心理健康状态大相径庭，爱阅读的人没有时间无聊，也不容易孤独和绝望。聪明人在遇到自己解决不了的烦恼时会向书寻求解答和从书中获得平静。

4. 书籍会拓展视野，丰富心灵

阅读直接关系到我们的生活质量，心灵的贫乏导致人生的贫乏，虽然有艺术家帮助我们理解深厚的内涵，但能够理解到多深还取决于我们个人的教养程度。教养就像冰山，露出水面的只是小小的一个角，实际上隐藏在下面的还有几百倍的体积，只有在需要的时候才会显露出来。一个人的思想深度和广度就决定了他感受到的价值，可以说一个人的阅读范围有多大就决定了他的世界有多大。没有文化和艺术滋润的心灵就像贫瘠的沙漠，纵是穿上了华美的外衣，也像穿了“新衣”的皇帝一样会被人嘲笑。

那么，家长应该如何培养孩子的阅读习惯呢？可以参考以下几点：

1. 营造良好的阅读环境和氛围

培养孩子的阅读习惯，首先应该给孩子营造出一种健康、干净、温暖和快乐的阅读环境和阅读氛围。专家指出，阅读的兴趣要从小培养，其中环境的熏陶最为重要。要想孩子爱上阅读，父母首先要对阅读也产生兴趣。最理想的环境是：充满书香的家。

书在家里无处不在，读书是家里成员的休闲活动之一，而且父母经常与孩子交流阅读经验和心得，在这种环境中，孩子必然受到潜移默化的影响。家长应鼓励孩子将书当“玩具”去玩，视“书”为好朋友。孩子在很小的时候就对书面语言产生了兴趣，在语言发展关键期内，父母应及早地为孩子提供完整语言的学习机会。

2. 给孩子选择好书

“读一本好书，就是和许多高尚的人谈话。”因此，阅读的种子，应该是一本本适合的孩子优秀图画书，要引导孩子接触优秀的儿童文学作品，使之感受语言的丰富和优美，并通过多种活动帮助孩子加深对作品的体验

和理解。长期以来，人们较多地将幼儿文学活动的功能定位于“德育”，而弱化或忽略了阅读活动的本体功能——审美，即文学作品用来提升人的思想，美化人的心灵，陶冶人的情操的功能。

而且，很多父母往往没有充分认识到文学作品的人文内涵、审美价值、社会文化意义及在欣赏感悟、思维品质等方面的作用，这与当前教育理念中的人文素质、非智力因素的培养，对情感、态度、价值观的追求是不相契合的。由此而带来在孩子阅读内容的选择上过多地考虑“是否具有教育意义”；形式上只注重了表达与机械记忆，而轻视了欣赏与创造表现。

3. 亲子共读是培养孩子阅读能力最好的途径

《苏菲的世界》的作者、著名作家乔斯坦·贾德曾说：最明智的父母，一旦给孩子吃饱穿暖之后，接下来最重要的事情，就应该是为孩子们选择最好的书，带回家来，放进他们的卧室里。据统计，中国父母对孩子的教育投资很大，该项支出已占到家庭收入的30%。但是，很少有家长能够每天坚持陪孩子一起亲子共读20分钟。即使在北京、上海这样文化教育最为发达的城市，能够经常和孩子一起读书的家庭，比例也不足20%。大多数家长还不能理解儿童阅读活动的正确含义，对儿童早期阅读活动缺乏科学的认识。如今，世界上越来越多的教育人士认识到，亲子共读是加强早期阅读教育的良好方式。美国某大学的研究员用了20多年时间，对205名入学前已经学会阅读的孩子，进行了针对性的研究。结果发现，这些孩子有一个共同点，即他们的父母很早就开始陪他们读书，并使他们养成了热爱阅读的良好习惯。

当孩子看完一篇东西时，要鼓励孩子叙述出来。家长在一旁要注意适时鼓励、表扬和引导，让孩子感到兴奋和自豪，由此产生阅读更多书的愿望。在阅读过程中，当他讲错了或讲得不够好时，不必像对待学生似的认真纠正。有些孩子不爱阅读是由于家长不尊重他的智慧和自尊心，一味地指点纠正，这会使他感到厌烦。孩子都是爱玩的，父母还要多考虑如何让阅读更生动、有趣，通过一些寓教于乐的、有趣的语言游戏让孩子爱上阅读。每天坚持半小时的亲子阅读，不仅可以增进父母与孩子之间的感情，对孩子的性格、心理成长也都很有利，让孩子在快乐中获得心智全面发展。

好的习惯的养成，不是一朝一夕的事，培养孩子读书的习惯是天长日久、不断重复的结果，贵在持之以恒。听故事是每个孩子的天性，讲故事是每个家长的天职。而总有那么一天，孩子会捧起以前由家长捧着的书自己看，也不用家长在一边陪伴了。

第三节　让孩子养成良好的学习习惯

孔子说：少成则若性也，习惯若自然也。如果孩子能够在少年时期养成良好的学习习惯，那么他便会将追求知识、努力学习当成生活中重要的一件事情来对待，而不需要父母或者他人再三催促。习惯的力量是惊人的，它通过每天的点滴积累影响着孩子一生的发展。俄国著名教育家乌申斯基说：良好的习惯乃是人在神经系统中存放的资本，这个资本不断地在增长。

如何让孩子养成一个良好的学习习惯呢？

1. 从孩子内心深处激发他的学习兴趣

许多父母也许有过这样的经历：今天夸孩子手真干净，那么明天也许他的手就会更干净。这是因为孩子从内心深处理解了手干净是一个好的行为，而且会得到父母的夸奖，所以他才会更加积极地去做。

其实，让孩子爱上学习也是同样的道理。若是父母能通过鼓励、赞扬，使他从内心爱上学习，使他从内心理解了学习对于他来说是一件好事情，那么他自然就会自觉地去学习，他的学习兴趣也就自然被培养出来了。

2. 采取正确的方法培养孩子的学习习惯

有的孩子没有一个良好的学习习惯，自然也就不会对学习有太大的兴趣。这时候父母就很容易用物质或金钱奖励来刺激孩子，但在这样的刺激下他不可能养成好的学习习惯，如此往复，反而成为一个恶性循环。

所以，父母要采取正确的方法来帮助孩子。比如，父母可以在家中为他营造一个好的学习氛围；多与他沟通，了解他的兴趣所在，将知识与他的兴趣相结合；同时也要让他明白学习是为了他能够成长得更快，不是为了其他的目的；父母在家可以和孩子一起学习，通过自己的所作所为来影响他，让他能养成一个良好的学习习惯。

3. 要善用“报酬效应”

所谓“报酬效应”，就是指当孩子有良好行为或学习成绩有所进步之后，父母给予相应的奖励。而这种“奖励”若是使用不当，就会出现不良结果——孩子有了奖励就好好学习、当好孩子，若是没有了奖励，他就立刻转变，以示抗议。

其实，父母要明白的是，报酬不一定非要是物质或金钱，一个拥抱、一声鼓励，或者微笑、亲吻，这些都是对孩子良好行为的“报酬”。若是从一开始就以这些精神激励作为奖励，那么他就会从内心感觉到被爱护、被尊重、被理解。若是孩子成功了，精神奖励会激励他迈向更高的成功；若是他失败了，父母的鼓励也会使他重新振作起来。所以，父母要善用“报酬效应”，只有合适的报酬才能对孩子起到激励作用。

4. 给孩子贴“笨”标签不可取

每个孩子的降生，都是带着父母的无限期望的。所有的父母都希望自己的孩子能够健康、聪明。于是父母们望子成龙、望女成凤。但一旦孩子做得稍有不合父母的心意，哪怕是面对只有三岁的孩子，父母也能脱口而出：“你真笨！”殊不知，这样的说法就像是在孩子心中播下了种子，时间久了，笨孩子就被父母“种”出来了。

幼儿园老师教的数学知识已经非常简单明了了，但三岁的小西总是学不会。每次做小计算题，他总是会出错。妈妈每到此时，都会不断地摇头：“哎呀，你可真笨！”

小西一听妈妈这样说，就会委屈地撅起嘴，眼泪也开始往外涌。但妈妈却说：“别哭啦！这么笨还不赶紧学？来，妈妈重新教你一遍。”但小西却怎么也提不起兴趣来，他的思想一直停留在妈妈说的那个“笨”字上。

芸芸4岁了，和她同班的小朋友都已经会说简单的英语对话了，但接受能力较差的她，却只能认识几个简单的英语单词。妈妈一直都在鼓励她，每当她又学会一个新单词的时候，妈妈都会竖起大拇指给予夸奖。

妈妈说：“我们不着急，慢慢来，只要认真，我相信你一定能学会的。”在妈妈的鼓励下，芸芸踏踏实实地学着英语，尽管进步缓慢，但仍能看得到她在努力。

标签效应，就是“一个人被一种词语名称贴上标签时，他就会作出自我印象管理，使自己的行为与所贴的标签内容相一致”。心理学认为，之所以会出现标签效应，是因为“标签”大都具有定性导向作用。无论是说一个人好还是坏，标签都会对人产生强烈的心理暗示，贴标签的后果，往往是使其向标签所指向的方向去发展。

孩子更是如此。若是父母一直都说“你真笨”，那么要不了多久，孩子便也真的认为自己很笨。尽管父母都迫切地盼望孩子能够聪明伶俐，并能长大成才，但是他也需要一步一个脚印地慢慢地走。父母不能急于求成，

不要拔苗助长，更不要孩子一达不到自己的要求就大发雷霆，从而直接给他贴上“笨”标签。那样的话，他有可能永远都得不到进步。

第四节　让孩子多提问题——激发孩子的求知欲

当小宝宝离开妈妈的怀抱，开始迈出他人生的第一步的时候，往往也开始学说话了。

有意思的是，在孩子最先使用的“语言”中，就已有了代表探索和表示新奇的词。比如，他会指着任何对他来说新奇有趣的东西，急切地发出嗯嗯啊啊的声音，这声音就好比是不久后他将使用的，并且使用频率颇多的“这是什么”。是啊，在孩子的眼中，世界简直是太奇妙了，随时随地都会有“新大陆”被发现。他们的小脑袋中当然要充满一个又一个问号了。随着孩子的成长，他们的提问将会更细，常常要刨根问底，不搞清楚誓不罢休。身边有一个两三岁的孩子，当父母的不知要被“逼迫”着学多少东西。

好奇是成才的原动力。在科学史上，许多重大的发明和发现都同科学家的好奇心强有关。水开时，将壶盖顶起来的现象，引起了童年瓦特的好奇，这才有了日后的蒸汽机，才有了工业革命的迅猛进程。

愿意思考、喜欢探索是孩子的一种天性。每个健康的孩子都会这么做的。但是，有些孩子渐渐地对事物探索的兴头减少了，到了上学的年龄，他们不爱学习，马马虎虎，这又是为什么呢？究其原因，恐怕同父母对孩子的提问采用错误的态度有关。

有些父母由于工作、家务太忙会感到精力疲乏，当孩子不停地向他们问为什么时，就常用不耐烦的口吻对孩子说：“别烦妈妈（爸爸）了，自己玩一会儿。我忙着哪！”孩子的积极性受挫，久而久之，就不再喜欢提问了。

有些父母认为，孩子小，没必要告诉他那么多、那么细，告诉他他也不懂。于是，往往三言两语打发了孩子，或用糊弄的态度支吾过去。孩子虽然尚不懂事，但他们也能从父母的态度上感觉到妈妈和爸爸对他的做法是否赞同。父母总是敷衍，孩子的热情自会日减。

也有些父母认为，孩子的提问不好回答或自己也不知道答案，就编一个谎话欺骗孩子。但孩子对于父母的话总是很信服的，他会将答案当成真理。父母要认识到，孩子的大脑好比一张洁白的纸，正确的事物会在上面留下画痕，错误的事物也会在上面染上印迹。我们又怎能不留心呢？

所以说，当孩子提问时，父母首先应持鼓励的态度，回答时要尽可能的简明、准确、浅显易懂。三岁前的孩子，对事物往往是从具体的、自身的、直观的角度来认识和理解的。因此，要想给孩子讲清一个问题，回答时就要从这些角度入手。比如，孩子看到一块冰，放在屋里，一会儿没有了，便会产生疑问。父母不妨给他做一个小试验：从冰盒中取出一块冰，在炉上加温，一会儿，冰化成了水，告诉他，从冷到热，冰就化了。随着水温继续升高，一会儿水开了，让孩子看水蒸气，再过一会儿，水就蒸发不见了，告诉孩子水变成了水蒸气飞跑了。孩子就会明白为什么了。

孩子常常会提问的还有，表又没有腿，它怎么会走呀？于是，有些孩子为了看个究竟，便将表给弄坏了。此时，父母不可认为孩子是在破坏而打骂斥责他，要让孩子知道表的基本工作原理，同时，告诉孩子，搞坏东西是不对的。

在孩子打破沙锅问到底时，如果父母真的很忙，可以告诉孩子："妈妈(爸爸)现在很忙，等会儿告诉你。"如果父母被"考"倒了，最好是翻翻书，寻找答案。对于一时解释不清的问题，也不要羞于告诉孩子不知道，可以就这个问题和孩子一起去问别人或查阅书籍。孩子大一些后，自然就会养成求甚解的好习惯。

提问是孩子求知欲的表现形式。在生活中父母不仅要认真地回答孩子的提问，还要适当地启发提问，也可对孩子的问题进行深一步的发问，以引导孩子思考，使其掌握学习方法。当孩子在父母的诱导下自己得出答案后，他会高兴得又叫又蹦，在欢快兴奋的同时，他也有了自信心，有了成就感。这自信心和成就感将伴他长大成人，伴他一生。

第五节　让孩子在玩耍中学习

很多家长都有这样的苦恼，自己的孩子一向聪明伶俐，在学校表现也很好，但是就是不喜欢做作业。面对孩子这样的问题，有些家长就会在嘀咕了，是不是自己教育方法不对，是不是没有给孩子早教，家长在不知道怎么办的同时，也怨天尤人起来。当然家长也会怀疑孩子是不是变得懒惰了，是不是不喜欢学习了。

其实家长大可不必这样，孩子爱玩，不过是孩子的天性，孩子本来就是喜欢在玩耍中学习的。

无论是狮子还是老虎或者是狼等动物，它们的幼崽总喜欢打闹嬉戏，而实际上打闹嬉戏是这些动物学会捕猎的一种必要手段，是帮助小动物成长的必由之路。虽然我们人类已经不需要像狮子和老虎这些动物那样为生存而捕猎，但是我们的祖先却将这个本能保持了下来，让孩子们在玩耍的过程中，学会如何面对社会。其实如果家长细心的话，会发现孩子会在自己玩耍的过程中，模拟人类社会中的一些场景，比如做饭炒菜等，这些实际上也是孩子自我学习的一个过程。

可能有些家长会要说了，我们是人类，已经不需要那一套了，我们有学校、有老师，可以将前辈的经验在书本和老师的教授中一代代地传承下去。是的，这些家长的说法当然没有错，但是现在的教育学家已经越来越发现玩耍对于儿童的重要性了，所以现在英美等发达国家的小学都是开放式的，孩子们在学校中边做游戏边学习，从而让孩子能够一直保持住对于学习的热情。

当然，我们国家的国情如此，我们的学校不像美国等国家的学校那样，让孩子们能够边玩边学。但是家长如果理解孩子们的话，就会了解到孩子们的压力有多大了。从幼儿园时候开始，孩子们就要为上小学而奋斗，到了小学又要为一个好初中而奋斗，到了初中还有高中，过了高中还有大学，总之，压力接踵而至，让孩子们喘不过气来。对于孩子来说，在学校的压力已经够重了，回到家中孩子肯定想玩耍一下，想放松一下。如果家长在这个时候压抑孩子的天性，可想而知，孩子会有多痛苦了。当然我们也能想象得到，孩子在家长的强压下，反弹会有多厉害了。可以说家长越管制，孩子们会越爱玩，越不想做作业。

既然爱玩是孩子的天性，既然孩子不做作业是放松的表现，那么我们是不是可以放任孩子这样做？

当然不是这样！

如果家长善于引导，采用恰当的做法，就会让孩子在玩耍和学习中达到一种新的平衡，进而解决孩子爱玩、不做作业的矛盾，当然，孩子也会在家长的帮助下进步。

例如，家长可以使用点读笔，来帮助孩子在学习和玩耍中达成新的平衡。

为何推荐点读笔？这在于点读笔就是让孩子在玩耍中学习，发挥孩子的天性，让孩子在快乐中成长起来的一种学习工具。比如父母在家里可以让孩子用点读笔点读世界经典绘本，让孩子在经典故事中成长。比如父母可以教孩子学会录音，将老师在学校上课时讲解难题的声音录下来，回到家，做作业时，孩子可以边听边做，效果非常之好。比如点读笔还可以将孩子的小学课本和课外辅导资料都制作成有声书籍，通过点读笔进行点读

的话，孩子可以边玩边听，既能记住新的知识点又没有耽误孩子的玩耍。

当然，除了点读笔外，家长们还可以采用另外一种方法。这里推荐爸爸妈妈们访问一些教育平台网站，在网站中除了驻有知名的儿童教育专家外，还有很多的幼教资源。比如世界知名绘本、适合孩子们玩耍的课件资源，还有爸爸妈妈们可以用来学习参考的育儿资源。父母也可以让孩子去玩一些网站精心设置的课件游戏，这些游戏都可以让孩子在玩耍中学会新知识，也能让父母帮助孩子发现孩子身上的兴趣点和天赋。比如通过玩课件游戏，父母会看到孩子一系列的评分，通过这些系列评分，父母就能发现孩子的兴趣主要在哪方面，发现孩子的长处在哪方面——是数学、是语言、是逻辑、是音乐还是美术等。

最后，再次真心地呼吁所有的家长，孩子爱玩、不做作业等行为，并不是孩子懒惰的表现，如果家长善于引导，会发现一个与众不同的孩子。

第六节　培养孩子的谦虚品格

俄国理论家普列汉诺夫说过，谦虚的学生珍视真理，不关心对自己个人的颂扬；不谦虚的学生首先想到的是炫耀个人得到的赞誉，对真理漠不关心。思想史上载明，谦虚几乎总是和学生的才能成正比例，不谦虚则成反比。

谦虚指不自满，肯接受批评，并虚心向人请教。有真才实学的人往往虚怀若谷，谦虚谨慎；而不学无术、一知半解的人，却常常骄傲自大，自以为是，好为人师。谦虚是一种美德，是人类进取和成功的必要前提。

春秋时期，孔子和他的学生们周游列国，宣传他们的政治主张。

一天，他们驾车去晋国。一个孩子在路当中堆碎石瓦片玩，挡住了他们的去路。孔子说：“你不该在路当中玩，挡住我们的车！”孩子指着地上说：“老人家，您看这是什么？”孔子一看，是用碎石瓦片摆的一座城。孩子又说：“您说，应该是城给车让路还是车给城让路呢？”孔子被问住了。孔子觉得这孩子很懂得礼貌，便问：“你叫什么？几岁啦？”孩子说：“我叫项橐，七岁！”孔子对学生们说：“项橐7岁懂礼，他可以做我的老师啊！”

即便是“圣人”孔子，也懂得谦虚。谦虚使人进步，谦虚是成功的基石。谦虚，仍是我们需要发扬的传统，即使再有才华的人，也不能忽视这一点。

有的孩子往往因为在某些方面有专长和成绩就骄傲自满，这时父母应该告诫孩子“谦虚使人进步，骄傲使人落后”、“天外有天，人外有人”的道理。世界上的能人很多，要知道的东西很多，永无止境。

取得一点成绩没有理由骄傲，做父母的要让孩子认识到，自己还小，知道得少，经验少，要认真学习，向成人学习，向小朋友学习，“三人行必有我师”，只要谦虚学习就能向任何人学到东西。骄傲，看不起人，就不可能前进，结果必然影响自己的进步。

师师是一个初露才华的五年级学生，但她骄傲自大，不能正确评价自己。

师师在三年级时就立志要当作家，并发誓要当著名作家。若能为此努力学习，踏踏实实地读书、认真地写作，有这样的雄心壮志本来没有什么不好。可是师师并没有这样做，而是成天想入非非，要当“在文学史上永远闪耀着光芒的大作家”，认为自己天生具有大作家的气质，说什么“我最大的资本就是年轻，有成

年人无法比的青春激情，有激情就足够了”。

师师说：“老师都是些庸人，在课堂上只会照本宣科，讲些重复的死理论。一万句里找不到一句精彩的格言和奇特的妙语。”师师讨厌一切“该死的书本”和“枯燥的知识”，她讨厌读书，说书都是别人写的，而她要创造，要突破！

对学习的不屑与对老师的不尊敬，使师师成绩一路下滑，然而她把爸爸妈妈的劝告轻蔑地视为“絮絮叨叨老一套”。一次摸底考试中，师师的数学考了17分，外语考了34分，连语文也只得了60分。

后来她开始频频投稿，然而却屡遭退稿，她便骂编辑：“不识货、势利眼。我这种精品竟然不发表！”父母听了她的这些话，只能暗自摇头叹息。

拥有谦虚的品德，对于孩子各项能力的发展都具有正面帮助，但是想教导出谦虚的好孩子，父母本身的心理调适与教养方式，便扮演着举足轻重的角色。有这样一副对联：墙上芦苇，头重脚轻根底浅；山间竹笋，嘴尖皮厚腹中空。父母千万不能让孩子做头重脚轻的芦苇，也不能让孩子成为嘴尖皮厚的竹笋。

学习是无止境的，父母应该注重培养孩子谦虚的美德，这样孩子才能包容万物，才能不断地用知识填充自己，丰富自己。

那么，如何培养孩子谦虚的美德呢？父母应该从以下几点着手：

1. 耐心教导，使孩子正确评价自己

孩子出现自负情绪往往是过高地评价了自己，认为自己比谁都强，只看到自己的长处，看不到自己的短处，拿自己的长处比他人的短处。因此，他往往狂妄自大，以“自我为中心”，想干什么就干什么，不会设身处地地为别人着想。

有人问美国著名女作家维奥斯特最难忘的事是什么，她说："是我21岁时的生日。"接着，她叙述了那天的情景："父亲带我到纽约去玩，我穿上盛装，自觉看起来漂亮极了，途中我进了洗手间，我在洗手间里照镜子，得意得不能自已。当我从洗手间出来，姗姗下楼时，人人都在看着我，这时候我只知道自己很漂亮，所以能够如此引人注目。但是，随后我听到身后有响声，回头一看，原来是我的鞋跟上沾着一卷草纸正跟着我滚下楼。""从那天起，"维奥斯特说，"每当我觉得不可一世时，我总回头看看后面有没有一卷草纸。"

作为父母应耐心地教导孩子，让孩子学会正确地评价自己，既看到自己的长处，也看到自己的短处。父母还需要规范孩子的行为，督促他们改正自负的毛病，告诉孩子在交友中应该怎样做和不应该怎样做，并加以训练和指导，使其养成良好的习惯，这样，他才会受到大家的欢迎。

2. 让孩子认识到骄傲的危害

盲目骄傲自大的人就像井底之蛙，视野狭窄，自以为是，严重阻碍了自己继续前进的步伐。一位科学家在给青年人的一封信中这样写道："切勿让骄傲支配了你们。由于骄傲，你们会在应该统一的场合固执起来。由于骄傲，你们会拒绝有益的劝告和友好的帮助。而且由于骄傲，你们会失掉客观的标准。"

姚笛是一个聪明伶俐的孩子，学习认真，成绩优秀，而且文笔甚佳，同学们都非常钦佩她，老师也经常夸奖她。在这种众星

捧月的环境中，姚笛开始慢慢骄傲起来，总是瞧不起别人。慢慢的，同学们都不愿意和她玩，冷落她，躲闪她，这使姚笛非常苦恼、孤独。

妈妈知道情况后，就给姚笛讲了很多因骄傲自满而造成的危害，姚笛听了深受启发，从此以后，姚笛变得非常的谦虚有礼，不仅恢复了和同学往日的友情，自己的学习更是上了一层楼。

“满招损，谦受益”，父母应告诉孩子骄傲的危害，应有意识地给孩子介绍一些成功者的经验，告诉他古今中外凡是有所作为的人，都是在取得成绩后仍能保持谦虚奋进的人。

3. 让孩子正确面对批评和建议

批评往往针对一个人的缺点，如果一个人能够接受批评，他就能够比较清楚地看到自己的缺点。

小军已经上小学五年级了，是个爱学习的男孩，由于学习成绩在班里一直名列前茅，因此非常自负。在家里，小军已经认为自己是个大人了，对于父母说的话越来越不放在心上。在学校里，小军也非常清高，不太愿意与成绩不好的同学一起玩，觉得跟他们在一起没什么意思。对于任课老师，小军也不太尊敬，他认为老师的水平不过如此，自己自学都能够学到很多知识。唯一令小军比较敬重的是他的班主任侯老师。侯老师是一位快退休的语文老师，他对小军非常好，经常给小军介绍一些学习方法，讲一些名人的故事。

有一次，小军在一篇交给侯老师的周记中表现出自己看不起同学的思想，他还提到了一次与数学老师发生的争执，原因是数学老师批评小军做作业不够仔细。

侯老师后来在小军的本子上是这样写的："有人批评你，并不是他看不起你，而是他希望你进步。因为，他不批评你，你不会怨恨他，他批评你，你则会怨恨他，而他却选择了批评你，原因就是他希望你进步。侯老师也是这么希望的。"

小军深受触动，后来，他果然慢慢改正了自负的毛病。

对于孩子来说，他在评论自己时常会出现偏差，原因是"不识庐山真面目，只缘身在此山中"，若能经常听取别人的意见或建议，就能不断充实和完善自己。

4. 表扬孩子要适度

许多人都看过《卡尔·威特的教育》这本著名的书，这本书写于 1818 年，是世界上论述早期教育的最早文献之一。

卡尔·威特在生下来时曾被人认为是一个智障儿，但他的父亲老威特运用一种与众不同的教育方法，使小威特 8 岁时，就已经掌握德语、法语、意大利语、拉丁语和希腊语等 6 种语言，同时，小威特还通晓动物学、植物学、物理学、化学，尤其擅长数学。小威特在 9 岁时就考上哥廷根大学。当他未满 14 岁时，就被授予哲学博士学位；16 岁时又获得法学博士学位，并被任命为柏林大学的法学教授。

对于这样一位才华出众的天才，父亲老威特非常注意培养孩子谦虚的习惯，他禁止任何人表扬他的儿子，生怕孩子滋长骄傲自满情绪，从而毁了他的一生。在《卡尔·威特的教育》一书中，老威特这样写道：

有一次，哈雷的宗教事务委员赛思福博士对我说："你的儿子骄傲吧？"我说："不，我儿子一点儿也不骄傲。"这时他一口

咬定说："这不可能，像这样的神童如果不骄傲，那你儿子就不是人。一定骄傲，骄傲这是很自然的。"

事后，我让他看看儿子。他们谈了很多话，一会儿他就完全了解我儿子了，并对我说："我实在佩服，你儿子一点儿也不骄傲。你是怎样教育他的呢？"我让儿子站起来，让他把我的教育方法讲给赛思福博士听。听后他服气了，说："的确，如果实行这样的教育，孩子就不可能骄傲，真是佩服。"

还有一次，有个地方的督学官到哥廷根的亲戚家串门。他在来哥廷根之前，就已经从报上和人们的传说中知道了我儿子的事。到了亲戚家后知道得就更详细了，因为他的亲戚与我们来往密切，非常了解我儿子的情况。他想考考我的儿子，为了得到这一机会，就拜托他的亲戚请我们父子去。

我接受了邀请，带着儿子去了。他向我提出要考考我儿子的要求。按照惯例，我也要求他答应我的条件，即"不管考得怎样，绝不要表扬我儿子"。据说他擅长数学，所以他提出主要想考考数学。我回答说："只要不表扬，考什么都没有关系。"商量妥当后，我就把特意打发出去的儿子叫进来，考试就开始了。他先从世故人情考起，然后进入学问领域。威特对每个问题的回答都使他感到十分满意。最后开始了他所擅长的数学考试。由于我儿子也擅长数学，所以越考越使他感到惊异。每一题我儿子都能用两种、三种解法去完成，也能按他的要求去解题。这样他就不由自主地赞扬威特了。我赶紧给他递眼色，他这才住了口。

由于他们二人都擅长数学，考着考着就进入了学问的深层，并最终走到督学官所不知的地方。这时，他不由自主地叫了起来："哎呀！真是超过了我的学者！"

我想这下坏了，立即给泼冷水："哪里，哪里，由于这半年儿子在学校里听数学课，所以还记得。"督学官还不死心，又对我儿子说："你再考虑这道题，这道题欧拉先生考虑了三天才好不容易做出来。如果你能做出来，那就更了不起了。"

听了这话我担心起来。我并不是怕儿子做不了那么难的题，而是担心如果儿子真的把那道题做了出来，而由此骄傲起来。但我又不好说"请不要做那道题了"。因为他不太了解我们，怕引起他的误会，以为我害怕儿子做不出那道题才这样说的。我只好故作镇静地看着。那道题是一个农夫想把一块地分给三个儿子。分法是要把地分成三等份，而且每个部分要整块地形相似。他把问题说明后，就问我儿子有没有听说过，或者是在书上看到过这道题，儿子说没有。他说："那么给你时间，你做做看。"说完就拉着我的手退到房间的里面，对我说："你儿子再聪明，那道题也很难做出来，我是为让你儿子知道世界上还有这样的难题才出的。"

可是，督学官的话音刚落，就听儿子喊道："做出来了。""不可能。"督学官说着就走了过去。儿子向他解释说："三个部分是相等的，而且各个部分都与整块地相似，对吗？"

这时督学官有些不高兴地说："你事先知道这道题吧？"儿子一听就感到很委屈，含着眼泪反复声明说："不知道，不知道。"

看到这种情形，我再也不能沉默了，担保说："儿子做的事，我全都清楚。这个问题的确是第一次遇到，更何况儿子是从不扯谎的。"这时督学官说："那么你的儿子胜过欧拉这个大数学家了。"我掐了一下他的手，立即说："瞎鸟有时也能捡到豆，这也是偶然的。"

督学官这才领会到我的意图，点着头说：“是的，是的。”然后就附耳小声对我说：“哎呀！我真佩服你的教育法。这样的教育，不管你儿子有多大的学问也绝不会骄傲。”儿子也很快同其他人高兴地谈起别的事，这一切也使督学官十分喜欢。

老威特非常了解孩子的心理，自己的孩子实在太优秀了，太优秀的孩子往往经不起表扬，表扬过多往往会导致孩子骄傲自满心理的产生。

有些父母望子成龙心切，孩子稍微有点儿进步就欣喜若狂，赞不绝口，久而久之，必然助长孩子的自满情绪。正确的做法是：在表扬孩子时，高度重视感情的作用，尽量做到“浓淡”适度。有时对孩子轻轻的一个微笑，也会起到许多赞美之词难以起到的作用。并且，父母应尽量少在外人面前夸奖孩子，因为孩子的自我评价能力还很差，看到那么多人肯定自己，会产生错误的认识，认为自己真的那么优秀，从而产生自负情绪。

第七节　提高孩子的思维能力

提高孩子思维能力的具体方法是：

1. 培养孩子独立思考的习惯

年幼的孩子遇到疑难问题，总希望家长给他答案。有些家长直接把答案告诉孩子，这对发展孩子智力没有好处。高明的家长面对孩子的问题，应告诉孩子自己寻找答案的方法，启发孩子运用自己学过的知识和经验去寻找答案。当孩子自己得出答案时，他会充满成就感，而且会产生新的学习动力。

2. 让孩子经常处在问题情景之中

当孩子提出问题时，家长要跟孩子一起讨论问题，家长的积极主动对孩子影响很大。特别是家长弄不懂的问题，通过请教他人、查阅资料、反复思考获得圆满答案，这个过程最能提高孩子的思维能力。

3. 跟孩子一起收集动脑筋的故事和资料

动脑筋的故事和资料很多，有的是真人真事，有的是寓言故事，有的是科普性读物。家长可以和孩子共同收集、整理，空闲时间翻阅这些资料，讨论感兴趣的问题。

4. 搞家庭智力竞赛

利用节假日进行，家长和孩子轮流做主持人，设立小奖品或其他奖励措施。为了增强气氛，可以请亲友或其他小伙伴参加。

5. 引导孩子一起讨论，设计解决问题的思路，参与解决问题的过程

家长应引导孩子并与孩子一起共同讨论、设计解决问题的方案，并付诸实施。这个过程需要分析、归纳、推理，需要设想解决问题的方法与程序，这对于提高孩子的思维能力和解决问题的能力大有帮助。

（1）给孩子提供各种直接感知和动手操作的机会。直觉行动思维虽然是三岁前儿童思维的主要方式和典型特点，但在整个学前期，孩子的思维仍保留了相当大的直觉行动性成分。所以，在教育孩子的过程中，让孩子在积极的活动中进行思维，这样可以使孩子更好地感知到事物的存在、变化和发展。否则，脱离了孩子自身的直接感知和操作，对这个年龄的孩子来说，其思维活动的进行将变得困难，体现在孩子仅是借助机械记忆、模仿而获得某些知识经验。

例如，我们在帮助孩子掌握某些实物概念时，应注意给孩子提供直接感知、观察的机会。让孩子亲自看、闻、摸、尝过苹果，比较过不同种类的苹果，比较过苹果与其他水果的区别后，孩子就会对“苹果”这一概念掌握得更全面和深刻。又如在发展孩子的数字概念、运算能力时，同样可提供让孩子动手操作的机会：数物体的个数，比较大小、长短、粗细，进

行分类和排序，在泥塑、玩沙、玩水活动中体会物体质与量的守恒，借助实物进行简单的加减运算等，使孩子经常处于积极的思维活动的状态中，以此培养孩子的思维能力。

（2）采用直观、形象的方法。具体形象思维是学前儿童思维的主要方式和典型特点。根据学前儿童思维的这个特点，家长在教育孩子的过程中，要注意教育内容的具体性、形象性，要适合孩子的思维发展水平，注意采用直观、形象的方法，尽量避免空洞、抽象的说教。因为孩子对一些具体、形象的事物较容易认识，而对抽象的事物较难认识。

例如，在向孩子解释"雨的形成"这种比较抽象的自然现象时，可以通过讲童话故事或看动画片《小水滴旅行记》，配以演示水受热后变蒸气，再遇冷凝结成水珠的小实验，这样孩子就比较容易理解这一比较抽象的自然现象。因此，在孩子掌握各种科学知识的过程中，家长要充分利用直观、形象的方法，帮助孩子掌握一些比较抽象的科学知识。

（3）丰富孩子的感性知识。思维是在感知的基础上产生和发展的。感性知识越丰富，思维就越深刻。从某种意义上说，感性知识经验是否丰富，制约着思维发展的水平。特别是对于学前儿童以具体形象思维为主的特点，家长更应该有意识、有计划地组织各种活动，发展学前儿童的观察力，丰富他们的感性知识，促进他们思维能力的发展。

（4）激发孩子的求知欲，保护孩子的好奇心，认真对待孩子的提问。在日常生活中，孩子常常向大人提出各种各样的问题。有时，我们也常听见一些大人向孩子提出这样那样的问题。实践证明，这对儿童思维的发展有很大的促进作用。因为，思维总是从提出问题开始的，提出问题、分析问题、解决问题的过程，也就是积极思维的过程。同时，爱提问题、喜欢探究活动，这正是孩子的求知欲、好奇心的体现。

作为家长应该给予鼓励、保护和培养，要主动、热情、耐心地对待孩子的提问，绝不能采取冷淡、漫不经心或厌烦甚至斥责的态度。实践证明，这两种不同的态度，对孩子思维水平发展会造成截然不同的影响。

第八节　鼓励孩子动手实践

1. 给孩子动手实践的机会

父母要减少对孩子的溺爱，不要包办孩子的事，给孩子更多动手实践的机会。父母不要怕孩子吃苦，要舍得他去锻炼。孩子在自己动手的过程中，各种实践能力都会提升。

孩子的好奇心很重，父母要给孩子去探索的机会。鼓励孩子在探索过程中自己去解决各种问题、疑惑。父母只给予间接指导，让孩子亲自去试验、实施。

2. 让孩子在游戏中提升动手实践能力

游戏体现了孩子的兴趣点，能激发孩子的动手热情。父母巧于引导，会让孩子喜欢上动手实践。孩子在动手过程中找到乐趣，也就会喜欢上动手实践。

飞飞放学回家后对爸爸说，今天在数学课上学的是“对称”，她知道什么是对称了，还知道了几种对称的类型，可是她对“轴对称”、“中心对称”概念还是感到很模糊。

爸爸拿出了家里的剪纸书和剪纸所用的材料，鼓励飞飞通过自己的亲手实践，将这两个概念理解透彻。

飞飞按照书中所介绍的，剪出了轴对称的图形“蝴蝶”，中心对称的图形“四叶风扇”，中心对称和轴对称的图形“圆”，通

过自己的动手实践，她将生活中的图形和书本中的知识结合在一起，加深了对知识的理解和对概念的领悟。

游戏是受孩子欢迎的一种方式，通过玩游戏能让孩子的实践能力得到提升。孩子的动手能力越强，也就越乐于自己动手，在生活中展示自己的技能。娴熟的动手能力为孩子获得了成就感，也提升了孩子自己动手的信心。

3. 教给孩子各种劳动实践技能

孩子动手实践热情受打击，往往是因为技术不高导致失败而影响到兴趣，因此父母要不时地将各种生活、劳动技能传授给孩子。孩子有了娴熟的技术，在实践过程中就会得心应手，屡次获得进步和成功，就会喜欢上亲自动手实践。

4. 欣赏孩子的“破坏”行为

对于孩子的“破坏”行为，父母不要责骂，而是要学会欣赏。孩子出于好奇心，对事物进行探索而造成“破坏”，父母应该给予鼓励，因为许多喜欢搞“破坏”的孩子，动手实践能力都特别强。

陈旭又在拆东西了，这次是闹钟。妈妈看见本想去“抢救”闹钟，却被爸爸制止了。陈旭先把螺丝都拧下来，观察里面的结构。他被闹钟里的齿轮和发条线迷住了，试着用手去拉它们。他每拉一次，都会听到不同的响声，感到特别高兴。一个下午，他没有离开桌子，一直在摆弄那个闹钟。

陈旭喜欢拆东西，是家里人都知道的。很多时候，他拆过的东西都报废了，可爸爸从未责怪过他。现在，他已经成为市里的小发明家了，获得了两项发明专利。他的成就，爸爸也有一份功劳。

孩子喜欢“破坏”并非坏事。孩子动手能力的培养往往从“破坏”中得来，孩子在动手“破坏”的同时，也在思考如何动手维护。因此，父母要学会欣赏孩子的探索行为。

生活实践和大自然是培养孩子的好课堂，它们会给孩子以丰富的知识，给孩子爱探索的心灵以无穷的启示，父母一定不能忽视这一点。

带孩子到大自然中去，带孩子到实践中去，就是让孩子随着年龄的增长，学会处理生活，参与家务劳动，了解社会生活。带孩子到大自然中去，就是带孩子出去游览、旅行，扩大孩子的生活视野，使他感到世界如此之大，父母可以从中引出问题，启发他思考，这是增长知识的有效途径，也是促进孩子身心健康、开发智力必不可少的一环。

历史上不少科学家正是因为从小参加实践，对大自然和生活充满了浓厚的兴趣，由此培养出勤奋的习惯和探索精神，长大后为人类作出了伟大的贡献。这些事例都值得我们很好地效仿和学习。

第六章　增强孩子的责任感

相信家长们都明白，作为领导者，位置越高则责任越重。责任感对于领导者而言，就是稳固地位、树立威信的根本。在培养孩子的领导能力之前，家长务必让孩子懂得责任的含义，让他从小做一个对自己、对他人、对社会负责的人。

第一节 教导孩子成为有责任心的人

托尔斯泰说："一个人若没有热情，他将一事无成，而热情的基点正是责任心。"人要有爱心、信心、进取心等，但这些"心"中最重要的是责任心，因为责任心是决定一个人能否立足社会、成就事业最基本的人格品质，某种程度上讲，责任心多大，一个人的人生舞台就有多大。

看过一个统计：在全球"500强"企业中，近20年来，从美国西点军校毕业的董事长有1000多名，副董事长有2000多名，总经理或董事一级的有5000多人。世界上没有任何一家商学院能够培养出这么多的顶尖人才，但为什么不是商学院培养的企业领导人多而是西点军校呢？也许是因为商学院更多地教给学生商业知识和经验，相比之下缺乏对一个人最基本的人文素养的培养。成功人士的身上有一点是共同的，那就是深深的责任感。西点军校对学生要求的标准——准时、守纪、严格、正直等，这些都是任何一家优秀企业对其领导人要求的最基本的素质，也是值得挖掘和培养的素质。

无论在哪个行业，决定一个人是不是高手的根本因素都不是技术，技术到了一定程度，大家都是一样，能分出高下的是心——爱心、信心和责任心。

父母都希望自己的孩子长大以后能成为一个负责任的人，因为责任感是任何一个民族和文化所崇尚的最重要的道德品质之一。而要培养孩子的责任感，就必须让他们从小就学会承担责任。

很多父母把孩子的责任感更多地限于针对孩子自我的责任，比如听话、做作业、完成学习任务，而忽略了针对他人、社会的责任，事实上后者的培养对孩子的成长更重要、更有意义。所以，培养孩子的责任感要从四个层面入手。

第一，教育孩子对自己负责，从小养成自强自立的习惯。例如让孩子尽可能自己照顾自己的衣食住行，自觉完成家庭作业，信守自己的承诺，到一定年龄时打工挣自己的零花钱等，培养孩子的自我独立意识。

第二，教育孩子对自己的家庭负责，让孩子把自己当做家庭所需要的、且应该对家庭作出贡献的一名成员看待。随着家庭规模的变化以及家庭经济状况的改善，大多父母都希望自己对孩子奉献而并不要求孩子对家庭会有所奉献。其实，父母应该让孩子认为作为一名家庭成员，自己和父母一样有责任和义务分担家庭的所有事务和困难，除了自己的事情尽量自己做，如整理好自己的房间、衣物、书籍等，同时还要帮助父母打扫房间、在厨房当帮手、照管宠物等。

第三，教育孩子对自己所属的集体负责，让孩子从小学习各类社会角色的扮演，培养团队精神。比如让孩子与幼儿园小伙伴友好相处，尊敬和配合老师的工作，帮助老人等弱势群体解决困难等，鼓励孩子的分享行为和助人行为，促进孩子的社会化。

第四，教育孩子对社会负责，从小树立公民意识。让孩子懂得一个对社会有责任感并为之作出贡献的人才是一个真正有成就的人，教育孩子遵守社会公德和秩序，鼓励孩子参加各类有益的志愿工作、义务募捐活动等，开拓和提升孩子的思想境界。

责任训练应该在孩子还小的时候就开始抓起，父母必须通过言传身教，潜移默化地影响和培养孩子，让孩子尽早学会负责任，促使他们发展相应的行为，在成熟的漫长道路上迈出重要的第一步。

第二节 让孩子做个守信的人

诚实是指个体在社会生活中，对社会、对他人、对周围事物实事求是的态度和行动，它是人类优秀品质的一个重要部分。

古往今来，提到诚信就有很多名人名言和诚信故事。墨子说："言不信者行不果。"孟子说："诚者，天之道也；思诚者，人之道也。"孔子说："民无信不立。"鲁迅先生把诚信看得更高、更重："诚信为人之本。"鲁迅所说极是，一个人如果失去了诚信，那么这个人就失去了做人的根本，失去了人格。美国小说家德莱塞说："诚实是人生的命脉，是一切价值的根基。"

诚实，是一种睿智。愚公之诚可移山，精卫之诚能填海，失去了诚实，所有耀眼的灿烂都将黯然失色。诚实，是一种美丽。因为有了诚实凝聚的可靠和雄厚，方使得所有的品质经得起洗礼，所有的宣言值得人们信赖。诚实，更是一笔人生的财富，它可让人拒绝缤纷的诱惑，摒弃心中的那份浮躁，守住自己心灵的那片净土。

所以美国总统华盛顿说："我希望我将具有足够的坚定性和美德，以此保持所有称号中我认为最值得羡慕的称号：一个诚实的人。"乔治·华盛顿是美国第一任总统，他小时候是个又聪明又淘气的孩子。

一天，妈妈送给乔治·华盛顿一把小斧头。那小斧头新新的、小巧锋利。小乔治可高兴啦！他想爸爸的大斧头能砍倒大树，他的小斧头能不能砍倒小树呢？他要试一试。他看到花园边上有一棵樱桃树，微风吹得它一摆一摆的，好像在向他招手："来吧，小乔治，在我身上试试你的小斧头吧！"

小乔治高兴地跑过去，举起小斧头向樱桃树砍去，一下，两下……樱桃树倒在地上了。他又用小斧头将小树的枝叶削去，把小树棍往两腿间一夹，一手举着小斧头，一手扶着小树棍，在花园里玩起了骑马打仗的游戏。

一会儿，爸爸回来了，看到心爱的樱桃树倒在地上，很生气。

他问小乔治："是你砍倒了我的樱桃树吗？"

小乔治这才明白自己闯了祸，心想：今天准得挨爸爸揍啦！可他从来不爱说谎，就对爸爸说："爸爸！是我砍倒你的樱桃树。我想试一下小斧头快不快。"

爸爸听了小乔治的话，不仅没有打他，还一下把他抱起来，高兴地说："我的好儿子，爸爸宁愿损失一千棵樱桃树，也不愿你说一句谎话。爸爸原谅诚实的孩子。不过，以后再也不能随便砍树了。"

小乔治望着爸爸，懂事地点了点头。

教育孩子做一个诚实的人具有重要的意义。为人诚实会使孩子在今后的人际交往中受到别人的欢迎、尊重和信任。每个孩子在属于自己的圈子中总要和别人交往，在交往过程中，拥有诚实的品质往往能使孩子结交更多的朋友，得到更多的帮助，受到更多的关怀，这对孩子的身心健康发展无疑有着重要作用。

在家庭教育中对孩子诚实品质的培养，能使孩子抵御不良品质的侵袭。当孩子一旦形成诚实的品质后，他们就不会在妈妈、老师、同学面前或弄虚作假，或当面一套背后一套，或挑拨是非，等等。

孩子说谎大多不含恶意，有的可能是因为自我保护意识，害怕被责罚，有的是为了赢得大人的注意、分不清现实与幻想等因素，才会说谎。所以父母应分辨孩子不诚实的原因，并增强对其的教育，如此一来，养成孩子诚实的习惯并不难。

以下是通常孩子说谎的三个原因：

1. 赢得大人的注意

孩子在他的世界里除了自己就是父母，因此在与父母互动的过程中，孩子非常清楚自己做了什么举动，会引起父母的注意，当他发现自己说了一些夸张的话或做了一些不当的举动，可以吸引父母给他投注更多的关心与注意，孩子自然而然会重复这样的行为。

2. 想象力过于丰富

较小的孩子，因为正处于学习语言的阶段，特别是游戏之中，当他们进行角色扮演的活动时，开始会运用假设性的语言，例如假设自己被偷、被抢，而不知情的父母常会被孩子的语言吓到。此时父母应该分清楚，孩子到底是在玩游戏还是表达内心的语言。孩子的想象力有时会超过父母所能理解的，在这样的情况下，父母其实可以不必太过于紧张。

3. 自我保护或逃避责任

有时孩子为了自我保护才说谎，但狡辩的行为反而让父母误认为孩子缺乏罪恶感及羞耻心。事实上，正因为孩子有了强烈的不安才会害怕承认，辩称不是自己所做的；或在其以往的经验认知中，承认或说实话的结果，都是受到严厉的处罚，因而心中害怕。其实，如果父母处理这类问题时，能保持冷静的态度，缓和孩子的害怕情绪，那么他也就不必用谎言来保护自己。

有的父母遇到孩子说谎时，会相当自责，认为自己的管教方式不对；有的父母则是反应过度，好像孩子犯下了滔天大罪；也有的父母似乎不去注意这个问题，反而让孩子不知道说话的分寸。专家表示，其实最好的态度是父母与孩子一起面对这样的问题，帮助孩子找到比说谎更好的方式，

去解决眼前遇到的困难。

培养孩子成为诚实的人，父母应该这样做：

1. 父母要做好榜样

曾子是个非常诚实守信的人。有一次，曾子的妻子要去赶集，孩子哭闹着也要去。妻子哄孩子说："你不要去了，我回来杀猪给你吃。"她赶集回来后，看见曾子真要杀猪，连忙上前阻止。曾子说："你欺骗了孩子，孩子就会不信任你。"说着，就把猪杀了。

曾子不欺骗孩子，也培养了孩子讲信用的品德。父母以身作则，给孩子树立诚信的好榜样，就能收到事半功倍的教育效果。

2. 搞清孩子不诚实的原因

先了解孩子说谎的原因是为了自我保护，赢得父母的注意，还是孩子分不清故事与现实生活有一定的距离。《白雪公主》故事中的魔镜，会让孩子时而有游戏的效果，时而害怕，通常要到五岁左右，孩子对现实与幻想之间才有一定的认知区别。

3. 要鼓励孩子的诚实行为

孩子有了过错，当他如实向父母汇报以后，父母在处理上，应该明显地和对待他说谎时的态度有所不同。错误自然要批评，因为这种批评是让孩子明是非，辨善恶，是对他的人生负责。但另一方面，父母不但不能由于孩子承认过错而加重责罚，还要对这种说实话、敢认错的行为给予表扬。这种表扬可以巩固孩子说实话这一美德，同时，对孩子勇于改正错误也极有好处。

丁丁的妈妈从小就注重对他的诚实教育。丁丁一旦犯了错误，只要承认，妈妈就不会惩罚他；如果主动承认错误，还会有奖励。一次，丁丁踢球将邻居家的玻璃砸坏了。虽然没有人看见，但是丁丁主动向邻居承认错误，并拿出自己的零花钱赔给了邻居。妈妈知道这件事情后，不但补上了丁丁的零花钱，还奖励给丁丁十元钱。

若诚实之后带来的都是怒骂、指责，说谎行为将继续出现；孩子说出真情后，常可找出解决办法，获得父母的谅解，进而一起想办法，诚实才会成为孩子生活的一部分。因此，父母应该练习对情绪的控制，当预期有负面情绪时，可暂时离开或几分钟后再谈。

4. 进行适当的惩戒

欢欢花钱大手大脚，经常偷家里的钱。一天，妈妈发现家里的钱又少了，而欢欢的书包里悄悄地多了几件玩具。很明显，又是女儿干的。妈妈问欢欢："你是不是又拿家里的钱了？""没有。"欢欢又像以前一样，很干脆地否认。为了纠正欢欢的不良习惯，妈妈决定对欢欢进行制裁。第二天，妈妈停止了给欢欢零花钱，并说："什么时候，你跟我说实话了，什么时候再给你零花钱。"第二天，欢欢死咬着牙不承认。第三天，没有零花钱太难受，欢欢只得承认了。妈妈趁机对她进行了教育，告诉她做人要诚实的道理。从此，欢欢不再偷钱和撒谎了。

有些父母往往采取惩戒的方法纠正孩子不说实话的坏习惯。这种为"戒"而"罚"，也是爱的基本方式之一，然而这又是一种最棘手和带有风险的爱，因为孩子容易对施加惩戒的人产生抵触心理。但是，如果父母

的惩戒出于爱心，又执行得合理、巧妙，事后讲清道理，孩子会受益很大，并心悦诚服。若在认真耐心的教育之后，孩子又出现说谎等负面行为，父母可以采取一定的惩罚措施。

第三节　教会孩子以宽容之心对待他人

拥有一颗宽容的心，会让人更快乐，心态也会更积极。那么，如何从小培养孩子有一颗宽容的心呢？

宽容是一种美德，是做人的一种风度和境界。宽容能使人性情和蔼，能使心灵有回旋的余地，能消除许多无谓的矛盾，化干戈为玉帛。宽容的人，时时处处都会受到人们的拥戴，因此他们能够处理好各种人际关系，能够很快地适应各种不同的环境，能够融洽地与人合作，充分发挥自己的潜能。

宽容的人能容人之短，理解他人。人非圣贤，孰能无过。尤其是孩子，更要学会宽容待人，和气待人，这样才能团结同学，营造一个愉快的生活和学习氛围。

孩子的宽容是一种非常珍贵的感情，它主要表现为对别人过错的原谅。这种感情对于孩子个性的健康发展，尤其是情感的健康发展，以及对于孩子良好人际关系的建立都有着非常重要的意义。富有宽容心的孩子往往心地善良、性情温和、惹人喜爱、受人拥护，而缺乏宽容心的人往往性情怪诞，易走极端，不易与人亲近，因而人际关系往往不好。

元筱珊的女儿眉眉借了一本《米老鼠》杂志，她一下课就翻出杂志高兴地翻阅起来。不巧，同桌起身时不小心把墨水瓶碰翻，墨水洒到了杂志上，把一本精美的《米老鼠》杂志弄得脏兮兮的，无法继续看下去了。眉眉很生气，不但让同桌赔她新的《米老鼠》，还把这件事告诉了班主任老师。结果，眉眉的同桌被老师批评了一顿。

当眉眉跟元筱珊诉说这件事情的时候，元筱珊严肃地对她说："谁都有不小心犯错误的时候，如果你犯了同样的错误，你的同桌大喊大叫，让你赔，还告诉老师批评你，你舒服吗？"

眉眉说："我会很难受的。"元筱珊告诉眉眉，要和气、友好地待人，不能斤斤计较，尤其是对待同学，更要大度、宽容，像今天这样的情况，应该说没关系。这样，才能成为受同学欢迎的人，成为快乐的人。这件事给眉眉留下了深刻的印象，在元筱珊的启发下，眉眉渐渐理解了宽容的含义，学着去宽容待人了。

现在的孩子大多数是独生子女，孩子在学校里受了委屈，父母心疼得不得了。于是有的父母就教育孩子说："别人对不起你，你就对不起他，别人打你，你就打他。"这就导致孩子不仅在学校里不会处理同学之间的关系，而且还会影响到孩子将来人际关系的处理，甚至还会影响到孩子以后的发展。因此，教会孩子学会宽容，不仅是为了孩子今天能处理好同学关系，而且也是为孩子将来的幸福打基础。

做父母的，既可以将自己的孩子培养成胸怀广阔的人，同样也可以将孩子培养成心胸狭窄的人。为了孩子的学习，同样也是为了孩子的幸福，为了孩子将来能有所作为，父母应当教孩子学会宽容。

具体而言，父母应当从以下几方面入手对孩子进行宽容精神的教育：

1. 为孩子树立榜样

有位老师发现一位学生上课时常低着头画些什么，他走过去拿起学生的画，发现画中的人物正是龇牙咧嘴的自己。老师没有

发火，只是憨憨地笑，要学生课后再加工一下，画得更神似一些。

自此，那位学生上课时再没有画画，各门功课都学得不错，后来他也成了颇有造诣的漫画家。

故事里老师的宽容感动了孩子的心，父母的宽容更能成就孩子的未来。孩子的宽容之心最主要的来源就是父母。孩子最初是从父母那里学习待人接物的方式的。父母宽容、大度、遇事不斤斤计较，与邻里、同事之间融洽相处，孩子就会学着父母的样子处理同学之间的关系，也会变得宽容、乐于与人相处。如果孩子不小心犯了诸如打破杯子这样的小错误，不要用惩罚或责备的方式来教育孩子。告诉孩子，其实父母有时也会犯这样的无心之错，只要下次小心就可以避免。从原谅孩子的错误开始，用宽容的心去引导他认识自己的错误，让孩子知道，解决问题的办法除了批评、惩罚以外还有宽容。

2. 教孩子学会心理换位

心理换位是指当双方产生矛盾时，能够站在对方的角度思考问题，思考对方何以会如此行事、如此说话。如果真的能够做到这一点的话，就能够理解对方，从而减少很多不必要的矛盾。许多孩子只习惯于从自己的角度思考问题，而不习惯站在别人的角度思考问题。而要消除这种现象的办法就是“心理换位”。

站在妈妈的角度上思考，就会理解妈妈的良苦用心；站在外祖母的角度上思考，就会理解老人的那份关爱和唠叨；站在老师的角度上思考，就会理解老师的艰辛；站在同学的角度上思考，就会觉得大多数同学是可爱、可亲、可交的。所以，教孩子学会心理换位是非常必要的。

3. 教孩子学会理解他人

三国时期的蜀国，在诸葛亮去世后由蒋琬主持朝政。他的属下有个叫杨戏的，性格孤僻，不善言语。蒋琬与他说话，他也是只应不答。有人看不惯，在蒋琬面前嘀咕说："杨戏这人对您如此怠慢，真是太不像话了！"而蒋琬却坦然一笑，说："人嘛，都有各自的脾气秉性。让杨戏当面赞扬我，那不是他的本性；让他当着众人的面说我不好，他也会觉得我下不来台。所以，他只好不做声了。其实，这正是他为人的可贵之处。"后来，有人赞蒋琬"宰相肚里能撑船"。

这个故事足以说明理解别人的重要性。所以，要让孩子学会以一颗平常心来对待别人，真正理解别人。父母应该让孩子明白：金无足赤，人无完人，有缺点和不足乃是人性的必然。和同学相交，和朋友相处，完全没有必要求全责备，完全可以求同存异，只要同学和朋友的缺点不是品质方面的，不是反社会的。对于朋友的缺点和不足，对于同学心情不好时所说的话和所做的事,没有必要事事计较,事事都要求个公平合理。多一次原谅，多一次宽容和理解，同时也就为自己多找了一份好心境，也会使自己在个性完善的道路上又向前迈进了一步。

当然，宽容不是怕人，不是懦弱，不是盲从，不是人云亦云，这一点是必须向孩子讲清楚的。父母必须让孩子知道宽容是明辨是非之后对同学、朋友的退让，而不是对坏人坏事的妥协。对坏人和得寸进尺的人是没有必要宽容的。

4. 让孩子多与同伴交往

宽容之心是在交往活动中培养起来的。孩子只有与人交往，才会发现

每个人都有这样或那样的缺点，都要犯或大或小的错误，只有学会容忍别人的缺点和错误，才能与人正常交往，友好相处。也只有通过交往，孩子才能体会到宽容的意义，体会到宽容带来的快乐。如称赞别人的缺点、庆贺同伴的成功、帮助有困难的小朋友、采纳别人的合理建议等，这些都能使孩子得到友谊，分享别人的成功，并使自己获得进步。

在孩子与同伴交往的过程中，父母要特别注意引导孩子容忍比自己强的同伴、比自己差的同伴和自己的竞争对手；让孩子不嫉妒比自己强的同伴，不嘲弄比自己差的同伴和不故意为难自己的竞争对手；让孩子向好同伴学习，帮助差同伴，学会与竞争对手合作。

5. 教孩子善待他人.

有这样一个孩子，他不知道回声是怎么回事。有一次，他独自站在山谷里，大声叫道："喂！喂！"附近大山立即反射出他的回声："喂！喂！"他又叫："你是谁？"回声答道："你是谁？"他又尖声大叫："你是个大笨蛋！"立刻又从山上传来"你是个大笨蛋"的"回答声"。孩子十分愤怒，向大山骂起来，然而，大山仍旧毫不客气地回敬他。

孩子怒气冲冲地回到家，对母亲说了这件事。母亲对他说："孩子呀，那是你做得不对。如果你恭恭敬敬地对它说话，它就会和和气气地对待你。"孩子说："那我明天再去那里说些好话。""这就对了，"他的母亲说，"在生活里，不论男女老幼，你对人好，人便对你好；如果你自己粗鲁，是绝不会得到人家友善相待的。所以，你一定要记得，只有善待别人，别人才会善待你啊！"

这位妈妈非常聪明，她不失时机地教育了孩子怎样待人。孩子一旦学会善待他人，就学会了宽容别人，因为孩子已经有了一颗友善、宽容的心。那么很自然地孩子也就会在日常生活行为中容忍他人了。父母应该让孩子明白，他人是自己的影子，所以说善待他人，也就是善待自己。对他人多一份理解和宽容，其实就是支持和帮助自己。中国有句俗话："赠人玫瑰，手有余香。"宽容是一种美德，是一种品质，也是一门做人的艺术。在今天这个充满竞争的社会里，要创造和谐的环境，实现共赢，离不开宽容。

第四节　培养孩子不拖拉的习惯

孩子没有成人那种一寸光阴一寸金的概念，经常有懒散、懈怠或者拖拉的现象发生，这很容易导致孩子责任感的缺失，使孩子认为今天的事不做完也没关系。这就需要父母能够观察孩子，了解孩子，想出切实可行的办法帮助孩子树立遵守时间、珍惜时间的良好习惯，以便积极应对学习和生活上的挑战。

掌握时间概念是孩子养成良好的生活和学习习惯的重要基础，良好的时间观念对于孩子适应集体生活以及未来的社会生活具有重要意义。培养孩子良好的时间观念，养成不拖拉的好习惯，应该从小开始，甚至可以从母亲怀孕开始，一直培养到成年，但各年龄阶段的培养要求和方式不同，在 3 岁前早期教育阶段就要抓紧培养。

1. 胎儿期

孕妇应让胎儿在胎内的生活有规律，首先自己的生活就要有规律。按时进餐、睡眠、工作、学习、休息、娱乐、散步等，养成良好的时间观念，就可以给胎儿以积极的感应时间。

2. 初生到一岁

新生儿出生一个月后对新环境逐步适应，就会随母亲为他的生活安排

而产生了初步的时间观念，按时睡眠，按时吃奶，按时要人抱起逗乐，逐步在新环境中调节好生理节律，使“生物钟”按时走。随着月龄的增长，婴儿也逐步感知时间的概念，到了吃奶的时间会哭着表示肚子饿了，吃完奶后间隔一定的时间排出尿，会哭着要母亲掉换尿布。当他睡足、吃饱以后就哭着要求母亲抱起逗乐，玩累了就会在规定的时间自动入睡。若是母亲没有时间观念，不按规定时间安排婴儿的生活，婴儿的生活混乱，就不可能对时间建立条件反射，也不可能有良好的时间观念。

3. 一岁至两岁

这时期孩子已开始自由行走，双手会做点小事情，并能用简单的词来补充动作的不足以表示自己的心愿。父母可以指示他用动作和语言来培养时间观念。例如：每到清晨醒后，孩子会爬起来要求起床、穿衣；随后指着毛巾要洗脸、洗手；走到桌边要吃早餐；母亲上班了会挥手表示再见；晚上累了会走到床边要睡觉。这种时间观念形成后，孩子会逐步变得不需成人每次教，而自然地会去做，以后就会养成做事遵守时间、不拖拉的好习惯。

父母要给孩子固定睡觉时间，睡觉的时间越固定，孩子越容易执行。但因为孩子的时间概念尚不清晰，所以固定的睡觉准备活动较易使孩子想到上床睡觉的时间到了。比较适宜的准备活动是读书、讲故事或者听音乐。切忌睡前做剧烈活动，比如用枕头打仗或玩球让孩子更兴奋。记住：一旦给孩子规定好上床睡觉的时间就不要改变。不要把“天黑了”当做孩子上床睡觉的标准，因为夏天白天很长，这种说法会引起麻烦。

4. 两岁到三岁

孩子已能用完整的语句表达自己的要求，这时应该让他接受时间刺激来锻炼他的语言能力。例如：教孩子每天早上七点钟按时起床、七点半吃早点，八点钟上幼儿园，下午四点或五点接他回家，六点或六点半吃晚饭，晚上八点半上床睡觉。这时可以给孩子做一个玩具钟，虽然孩子还不能识太多的数字，但可每天教他拨动指针转动到一定的位置来表示当时活动的时间，使他逐步感知时间，懂得按时作息。此外还要帮助孩子严格遵守时间。如画图、玩玩具、做游戏等都要按时进行，按时结束。从小要养成守时、遵时、惜时的习惯，对时间有紧迫感。因为时间不抓紧、一松懈就会拖长，使孩子注意力分散、思想不集中，就不能很好地完成他应做的事。孩子思想上有了时间观念就不会做事慢吞吞、拖拖拉拉。

下面，再为家长提出几个提高孩子做事效率的小高招：

1. 一分钟专项训练

如训练孩子专心做题。准备几十个简单的加减法口算题（根据年级不同，难度可以不同）。规定一分钟，看孩子最多能做多少道题。让孩子感觉到一分钟都能做十多道小题，而自己写作业的时候，有时候几分钟也写不出一道小题。再如一分钟写汉字训练，找一些笔画和书写难度相当的生字，看孩子在一分钟内最多能书写多少个字。记下每次的情况，并进行对比。

以上训练让孩子体会到时间的宝贵，明白原来一分钟可以做很多事情，进而懂得珍惜时间。同时也提高孩子的写字速度和做题速度。训练时以一分钟为一组，每天练习三至五组。在训练的时候注意记录孩子的成绩，并进行对比，练习时间以一星期为宜。

2. 不催促，多表扬

孩子做事情磨蹭的时候，很多家长喜欢喊，不断地催促，结果感觉是越催促，孩子的动作越慢，家长就更生气。正确的做法是：孩子做某件事情的速度快，就表扬。如刚开始可以给孩子出几道简单的题，给一分或两分钟，孩子会很快做好，家长要作大吃一惊状呼道："还不到一分钟呢！"家长应随时观察孩子在生活中的表现，对做得快的事情立即表扬。"现在穿衣服快多了"、"现在收拾书包快多了"，但千万不要说成"现在穿衣服快多了！如果写作业也这样快就好了"。只表扬，不提孩子做得不足的地方。

通过表扬，会激发孩子内在的动力。

3. 节约一些可以由孩子支配的时间

很多家长喜欢给孩子布置一些家庭的作业，比如孩子完成了老师布置的作业，家长会布置读英语，孩子刚读完英语，家长又安排做奥数题，等等。只要孩子有空闲时间，家长就会安排任务。

家长应把每天老师布置的作业做一个大概的估计，将孩子需要完成的任务进行一个时间预计。一定要给孩子留下休息的时间(自由支配的时间)。如一共要一个半小时，那么孩子一个半小时完成了，余下的时间就必须由孩子自己支配，如玩他喜欢的玩具，或者打一会儿游戏，进行一会儿体育锻炼等。就是做孩子喜欢做的事情。养成这样的习惯以后，孩子会抓紧时间完成作业，因为早写完就有很多时间玩了。

4. 从生活习惯开始

从生活习惯抓起，给孩子规定时间，要求他在规定时间内完成自己要做的事。一位家长说，她女儿早上起床穿一双袜子要十分钟，家长急得冒火。

家长其实可以通过训练缩短孩子生活自理行为的时间。比如和爸爸妈妈比赛穿袜子，看谁更快。家长在比赛时，可以故意放慢一点儿，让孩子觉得有取胜的可能。甚至有时候不经意输给孩子，让孩子觉得自己能做得快。让孩子在生活中做事快，在学习中才会快起来。

第五节　让孩子学会管理时间

法国思想家伏尔泰曾经出过一个意味深长的谜语：“世界上什么东西最长又是最短的，最快又是最慢的，最能分割又是最广大的，最不受重视又是最值得惋惜的？没有它，什么事情都做不成，它使一切的东西归于消灭，使一切伟大的东西生命不绝。”这是什么呢？这就是时间。

对于这个谜语，伏尔泰是这样解释的："最长的莫过于时间，因为它永无穷尽；最短的也莫过于时间，因为我们所有的计划都来不及完成。在等待的人，时间对他来说是最慢的；在作乐的人，时间对他来说是最快的。它可以扩展到无穷大，也可以分割到无穷小；当时谁都不加重视，过后谁都表示惋惜；没有它，什么事都做不成；不值得后世纪念的，它都令人忘却；伟大的，它都使它们永垂不朽。"

我们知道，时间比金钱要珍贵，时间就是生命。孩子能不能安排好自己的时间，与他的学习效率和学习成绩有很大的联系。一个不珍惜时间、无法合理安排时间的孩子，往往缺少自我控制的能力，缺乏不断前进的动力。如果父母在早期教育中让孩子养成了良好的时间观念，就等于给了孩子知识、力量、智慧和美好的开端。因为善于利用自己时间的人，将会获得高效率的办事效果，也是最能出成绩的人。

孩子并没有多么强的时间观念，他们往往不能按问题的主次和事情的轻重缓急来安排时间，而是凭自己的兴趣来安排时间，结果不但造成了不必要的时间浪费，而且还会影响处理许多事情。因此，从孩子很小的时候，父母就应该运用一定的方法帮助孩子养成合理安排时间的好习惯。

1. 帮助孩子建立时间观念

孩子做事拖拉，很大的原因是他们做事的时候容易忘掉时间，缺乏时间观念。很多父母抱怨孩子做事的时候拖沓、磨蹭、懒散，即使看到珍惜时间的父母，也不会改变自己的习惯。这让父母很头疼。其实根本原因是孩子没有认识到时间的重要性，没有树立起正确的时间观念。

孩子在生活和学习中磨蹭有多种原因：学习兴趣低落，能拖就拖；缺乏自信；本身性格就是"慢性子"；缺乏效率观念，不知道时间对人生的重要意义。

勤勤个很懒散的女孩，做事磨磨蹭蹭，不管是生活上还是学习上，如果不经常催促，她根本意识不到时间是有限的。妈妈决定从小事入手，培养她珍惜时间的好习惯。

妈妈知道勤勤喜欢看科幻图书，于是决定周末带她去图书馆，让她增长知识的同时，培养她珍惜时间的好习惯。勤勤看到那么多科幻书籍很兴奋，但是她还是懒懒地看，以她的速度，一天看一本估计也看不完。

于是，妈妈教给她如何选择自己感兴趣的、有价值的书籍看，如何选择里面具有意义的细节阅读，这样就节省了时间，还增加了知识。在妈妈的教育下，勤勤不仅学习上变得勤快多了，生活上也有了很大变化，时间观念逐渐增强了。

有的孩子早晨起床晚，磨磨蹭蹭地等父母为他们穿衣服、准备早饭、送他们上学，任其发展，其实就是在助长孩子的磨蹭心理。父母应该让孩子自己去做这些事情，并在一旁告诉孩子，再不抓紧时间就要迟到了。孩子迟到后肯定会受到老师的批评，挨了老师的批评，就会主动树立时间观念了。

父母还可以通过讲名人珍惜时间的故事的方式来帮助孩子树立时间观念，让孩子认识到时间是最宝贵的财富，只有珍惜才能让它发挥最大的作用。还可以在醒目的地方贴上有关珍惜时间的名言警句，提醒孩子树立时间观念。

此外，父母可以送给孩子闹钟，当孩子有重要的事情要做的时候，就让孩子自己定好闹钟，这样就会有紧张气氛，时间观念也会形成；或者送给孩子手表，那不仅仅是一份礼物，更是一种观念，让孩子时刻都能感觉到时间的流逝，从而更加珍惜时间。

2. 帮助孩子养成良好的作息习惯

孩子没有养成良好的作息习惯，就不会具备合理把握时间的能力。时间资源利用得好，对孩子的生活和学习就会产生很大的帮助。孩子的随意心理比较严重，但是父母要让孩子养成有规律的作息习惯，这是让孩子养成时间观念的最好途径。

父母可以和孩子一起制定一个作息时间表，最好是具体到细节，比如什么时间起床，洗漱需要多长时间，吃饭需要多长时间，放学后做作业和看电视多长时间，几点休息等，都要严格制定，这样会对孩子起到约束和监管的作用。孩子将作息时间固定下来，形成习惯，才能明确地认识时间，养成良好的作息规律。良好的作息习惯还有助于帮助孩子学会守秩序。

当一向对时间缺乏概念的孩子做出了按时作息的事情时，父母不要吝啬奖励，因为赞赏和表扬可以激发起孩子更大的积极性。

3. 指导孩子制定学习计划

合理安排时间，既反映出孩子的学习和生活态度，也可以使孩子赢得更多的时间来学习。没有时间观念的孩子，总是感觉时间不够用，但是他们每天都没有做什么重要的事情，时间花在哪里自己都稀里糊涂。

郝乐阳是个三年级的男孩，他时间观念很差。早晨闹钟都响了三四次了，妈妈也过来叫过他好几次，他却依旧躺在床上不愿意起来。放学后，他懒洋洋地把书包往书房里一丢，然后趁妈妈不注意跑到电脑前开始玩游戏，所以经常深夜还在写家庭作业。

针对孩子的这种表现，妈妈积极地采取行动，与孩子协商后制定了一份时间安排表，并且制定了相应的奖惩措施。由于时间安排表制定合理，妈妈的指导到位，孩子也乐于改变，因此，他慢慢学会合理安排时间了。

对于那些没有时间观念的孩子，父母可以在与他们协商后制定一份科学合理的学习计划安排表，并且设置一定的奖惩措施，促使孩子在规定的时间内完成任务，培养孩子合理安排时间的良好习惯。

为孩子制定的学习计划要有利于执行和操作，同时也要对孩子的学习起到真正的促进作用。要在孩子实际情况的基础上进行制定，如果对孩子的要求过于苛刻，学习计划目标过高，孩子无法顺利执行，计划就无法发挥自己的作用，还会挫伤孩子的自信心。

当然，为孩子制定的学习计划也不能过于死板，要有一定的灵活度。比如，有位妈妈给孩子制定了这样的学习计划：晚上 6：00 ~ 6：25 学习语文，6：25 ~ 7：50 学习数学，7：50 ~ 8：15 学习英语。这样的安排缺乏灵活性，如果孩子今天学习的数学知识很难，需要多花时间学习，孩子却拘泥于这个计划表，就不会达到学习的目的了。

学习计划不是教条的，它应该以适合孩子的实际情况为前提。孩子在执行学习计划的过程中，如果发现了问题，就要及时调整。时间一长，孩子就会在执行学习计划的过程中，懂得如何安排时间，学会恰当地管理时间。

4. 教会孩子充分利用时间

要教会孩子管理时间，就要先教会孩子充分利用时间，讲究效率，在最短的时间内将某件事做得最好。爱玩是孩子的天性，所以孩子集中注意力的时间也较短，做一件事往往会拖很长时间。这时，父母就应该给予适当的教育，不纵容孩子的这个坏习惯，否则，就会助长孩子拖拉、散漫的性格，这对于孩子的发展是不利的。

鹏鹏每天 5 点放学回家，等公共汽车需要花去 10 分钟左右的时间，乘车需要20分钟，然后再步行10分钟回家，吃饭需要15分钟，按照父母的要求，他还需要看30分钟的新闻。此外，他写作业之前都要复习一下白天学过的知识，大概需要半小时，等到他做作业的时候已经差不多是晚上8点了。

后来，妈妈启发他，每天从等汽车到下汽车至少要耽搁30分钟左右，在这个时间段，可以把全天的学习内容复习一遍，这样就节省了晚上做作业之前看课本的时间了。鹏鹏觉得妈妈的话有道理，就按照妈妈说的做了，这样，鹏鹏就能用多余的时间画自己喜欢的画了。

数学家华罗庚说过：“成功的人无一不是利用时间的能手。”时间是有限的，只有利用好每分每秒，才能有所作为。

教会孩子充分利用时间，就要求孩子尽量少做或是不做没有意义的事情。比如把时间用在看电视、玩网络游戏中，这些都是没有意义的。

时间对于每个孩子都是公正的，要想在相同的时间内比其他同学取得更加优异的成绩，就只能充分利用时间，让每分钟都能发挥它的最大效能。父母要教育孩子今日事今日毕，今天的作业今天完成，今天的任务也不要留到明天，因为明天还有明天的事情要解决。孩子还可以尝试将自己的时间表排满，这也是充分利用时间的最好方式。

5. 让孩子安排好学习和玩的时间

很多父母认为孩子做作业时间长，是因为孩子把时间都用在了玩上，不能专心地做作业，于是就不停地埋怨孩子、催促孩子，甚至以给孩子增加作业量的方式来惩罚孩子。

其实，孩子做事和学习的效率低，与父母没有给孩子留出玩耍的时间有关，孩子丧失了玩的权利，对学习提不起兴趣，才会做事磨蹭、拖拉，

造成恶性循环。

因此，父母要给孩子一定的自由，让孩子自由支配一定的时间，去做自己喜欢做的事情，在这个过程中，孩子对学习的兴趣和主动性也会逐渐培养起来。

第七章　培养孩子的理财能力

随着生活水平的提高和教育理念的进步，理财能力的培养已逐渐纳入儿童、青少年教育的范畴。要想让孩子成为全面发展、综合能力超群的优秀人才，要想让孩子具备领导能力，家长应该在自己学习理财知识的同时，有意识地培养孩子的理财能力。

第一节　学会理财从“零花钱”做起

金融海啸一度冲击着各国经济，同时也冲击着广大中国父母的心灵，经历了一轮财富的巨劫奇变，许多中国的年轻父母开始意识到培养孩子理财能力乃至培养孩子财商的重要意义。

更多的年轻父母则是充满着担心，这么小的孩子能听懂父母说什么吗？如果从小给孩子灌输金钱观念会不会让小小年纪的孩子就把钱看得过重，一不小心还容易让孩子形成“金钱至上”错误观念呢？

其实，从小培养孩子的理财意识与能力是非常重要的，父母不要以为孩子小就不理解金钱，孩子都是充满着好奇心的。儿童心理学家指出：小宝宝对金钱的兴趣可以说是与生俱来的，早期的金钱教育对儿童树立一个正确积极的金钱观，形成良好的理财习惯与技巧有着不可估量的潜在作用。

当然在向孩子灌输金钱观的过程中，父母也要注意方法得当。那么培养孩子的金钱观都有什么原则呢？

1. 不要回避金钱问题

当孩子成长到两三岁时，他们已可以听懂成人在谈论钱的话题，与生俱来的好奇心可能会让他们忍不住困惑去询问父母与金钱相关的问题。此时，父母千万不要回避，应该借此机会向孩子讲解这方面的内容，并在潜移默化中灌输给孩子正确的金钱观。

2. 视需要给予孩子零用钱以及用品

许多父母总是尽可能满足孩子的物质需求，只要孩子能够安心学习，即使提出些许过分的要求也满口答应，给孩子零用钱也没有作很好的规划。尤其是城市中生活条件较好的家庭，父母会给孩子买各式各样孩子想要的用品，还要给大把的零花钱，只要孩子活得开心，学习成绩好就行了。从而养成了孩子乱花钱、好逸恶劳的个性，父母倾尽所有的同时反而抹杀了孩子自我创造财富的能力，同时也会削减孩子创造财富的动力。

3. 让孩子学会珍惜

无论是送孩子礼物还是给孩子零用钱，一定要跟孩子传授爱惜东西的观念，如果东西有损坏或者丢失的情况，要他们自己承担损坏或者丢失这些物品的责任，从小灌输他们爱惜金钱的观念。

随着孩子逐渐长大，做父母的也该放手让孩子有一定的机会打理自己的财务了。让孩子独立自主地打理自己的财务的根本目的，是要让孩子养成细水长流、有计划花钱的好习惯；让孩子从小懂得哪些钱应该花，哪些钱不能乱花；特别是让孩子懂得通过努力学习、额外工作和节省一些开支完成自己大笔的开销计划。当然，对年纪尚小的孩子的理财教育，核心课程是计划花钱的问题，等到他们上中学、大学时，理财教育的重点则将发生一些变化。

父母可以考虑对孩子实行零花钱计划，当然，孩子自制能力还不是很强，理财的意识也不是很强。这时，每月或每周给孩子一些零花钱，很可能出现孩子一天就将一周或一月的零花钱全花完了的情况。现实中，这样的情形在孩子身上会经常出现。对此，父母千万不要责怪孩子乱花钱，更不要因此而中断零花钱计划的推行。

对孩子何时开始实行零花钱计划，做父母的应把这个选择权和决定权交给孩子。通常情况下，当孩子十岁左右，也就是上小学四年级时比较适宜。原因如下：

（1）虽然这时孩子还缺乏自理能力，但是，钱能换物的理财理念已经形成。

（2）孩子脱离父母和家人而独立生活的时间相对拉长，在相对独立的时间段，孩子确实面临一些需要花钱的事情。如天热口渴需要买矿泉水或冰淇淋解渴等。

（3）孩子的生活和学习环境将催生零花钱计划浮出水面。如其他同学身上都有零花钱，而自己的孩子身无分文，这样将可能造成孩子心灵的一种创伤，甚至使自尊心很强的孩子觉得与其他同学相处尴尬，因而远离这个集体。

（4）孩子要求独立打理私人财务的意识开始萌生。

因此，父母在孩子进入小学以后，就要经常与孩子探讨零花钱的问题，主动征求孩子的意见。同时，父母还应向学校的老师和同学进行一些了解和沟通，掌握同年龄段孩子的零花钱水平和主要用途。当孩子主动要求实行零花钱计划时，父母应与孩子就以下一些问题进行平等的协商和讨论，并约法三章。

1. 明确家庭公共支出与孩子私人消费的界限

所谓明确界限，即明确孩子的哪些支出应该由父母承担，哪些支出应该由孩子在自己的零花钱中支出。这个问题初看起来好像不是问题，甚至一些父母会觉得同孩子讨论这样的问题太"铜臭味"、太庸俗，对孩子太苛刻。其实不然。从实践的情况看，一些家庭对孩子的理财教育之所以失败，缘由就在于此。在一些比较富裕的家庭，孩子一月的零花钱或许到手就花完了。然后一些孩子会通过各种各样的理由再次向父母要钱，父母不给，孩子就闹脾气，认为父母吝啬，甚至还以罢饭、罢课为要挟。倘若孩子以这种方式获得一次成功，那么，紧接着就会有第二次，第三次……这样，孩子的零花钱计划就将形同虚设，起不了任何作用。

刘女士的孩子是在上幼儿园时起开始实行"工资制"的。当时是每月5元钱，这个标准一直延续到孩子小学毕业。在实行工资制的初期，孩子的零花钱总是不够花，一个月的钱几天就花完了。因此，零花钱计划也是断断续续，执行不下去。孩子上小学三年级时，主动提出要求实行零花钱工资制。这次，刘女士夫妇吸取前面零花钱计划流产的教训，与孩子作了一次认真、坦诚的讨论与协商，核心内容是两个：一个是孩子的哪些消费应该在家庭财务中列支，哪些消费应由他自理；另一个是孩子每月应该领多少零花钱，其他渠道得到的钱该怎么办。经平等协商，双方议定，以下

开支属于家庭公共开支，费用由家庭公共财政承担：

（1）孩子的生活费用。

（2）孩子的学习费用。包括学杂费、学习用品费、书籍费、学校临时交纳的费用。但父母有权检查这些费用的真实性。若孩子虚报冒领，可中止其零花钱计划。

（3）交通费用。孩子往返学校乘公交车的费用，但应剔除周末。其费用按月支付，全额包干。若孩子步行上学或回家，节约的钱归他自己。周末若学校有事孩子应到校，其费用予以追加。

（4）早餐费用。按月包干，每月一次性发给，超出不补，节余归己。

（5）其他费用。父母自愿为孩子开销的其他费用。如家中的水果与其他食品的费用，父母与孩子共同参与的娱乐活动费用，父母与孩子共同参与的旅行费用等。

孩子的零花钱则可由他自由、自主、独立地予以处分，父母不再过问。

关于孩子的零花钱标准和其他渠道的钱该怎么处置，刘女士议定如下：

（1）小学阶段，每月零花钱5元。若父母涨工资或物价上涨，则经共同协商后视情况予以追加。这笔零花钱实行总额包干，超出不补，节余归己。若孩子有大笔开销计划，自有资金不足时，在征得父母同意的情况下，可先行借支，以后逐月在零花钱中偿还。

（2）孩子过传统节日、国家法定节日，过生日等，每次另发节日费用5元，春节这样的重大传统节日，则另发20元。

（3）夏天上学，每天补助茶水费4元。

（4）爷爷、奶奶、外公、外婆、舅舅、舅妈等亲属资助的钱，总额在50元以内的，孩子可作零花钱自由支配。大额的，由孩子自己存入银行，使用时提出计划，经父母同意后，作孩子的大笔开销。如用于购买高档玩具和高档学习用品等。

（5）孩子额外工作赚来的钱，归孩子自由支配。

（6）孩子因学业优秀而得到的奖金，归孩子自由支配。

刘女士说，实行这一计划后，孩子在理财上悄悄地发生了许多变化，这些变化大体有以下几点：

（1）孩子选购食品开始考虑价格和档次了。以前家里买回的食品，孩子总嫌档次不高，挑肥拣瘦。夏天家里成箱购回的冰淇淋，哪怕每支花了3～5元，孩子还是“罢吃”。有时孩子与父母同时外出采购商品，孩子也尽是挑包装最新潮、价格最贵、最流行时尚的买。而实行工资制后，孩子挑选的商品多是那些价廉物美、卫生安全的商品。吃冰淇淋也是超出3元的不买。

（2）孩子选购商品时，开始与商家讨价还价了，开始比较同类经常性消费商品，哪个商家的最便宜、最划算了；就连商家在哪一日推出何种特价商品都开始关注了。

（3）孩子吃零食不再浪费了。有的食品一次没吃完，孩子也会自觉将它包好，放到冰箱或其他适合保鲜的地方。孩子对自己的物品也爱惜起来，若坏了，也自己忙活着修理。在以前，夏天孩子上学买矿泉水，实行工资制后，孩子的书包里增加了一个塑料瓶，自己带饮用水上学了。

（4）孩子对自己的大笔开销，开始有了一些计划。为达成一个时期的财务目标，孩子开始节省零花钱，同时，主动参与一些额外工作，比如包下家里的洗碗等家务来赚钱，以实现这个目标。

对于孩子的上述变化，刘女士与孩子作过一些交流，孩子告诉她：“花自己的钱，总有一点儿心痛，总有一点儿舍不得。”

当刘女士的儿子17岁到英国留学时，他已拥有10000多元存款。当然，他们将这些钱全兑换成了英镑，让它作为孩子的零花钱带到了英国。

2. 确定孩子一个时期的零花钱数额

对于究竟每月给孩子多少零花钱比较适宜，父母在与孩子协商前应做好以下两个方面的调查：

（1）同城同校同年级学生的零花钱水平大体在一个什么水平线上？

（2）孩子有哪些正当消费的经常性项目？这些商品的价格如何？

作为父母，特别是富有家庭的父母，在给孩子零花钱的问题上必须坚持三条：

（1）无论家庭多么富有，给孩子的零花钱也只能维持在同年级孩子的平均水平线左右。绝对不可以让孩子像一个暴发户，百元大钞将书包撑破了。若那样，是要毁了孩子一生的。

（2）对孩子的零花钱数额，不要太小气，更不要一毛不拔。

（3）孩子在不同的年龄段，应有不同的零花钱标准，一般每两年为孩子涨一次“工资”（不计物价上涨因素）。若遇物价上涨，父母应主动为孩子涨“工资”。

在这里，我们看看比利时孩子的“工资”标准。

一般来讲，比利时的家长到孩子年满10岁后就开始每月给孩子一定数额的零花钱了。10～12岁的孩子年龄较小，因而每月从家长那里得到的零花钱也相对较少，平均为14.8欧元；孩子到13～14岁时，零花钱有所增长，平均为每月25.8欧元；孩子到了15～16岁时，每月的零花钱涨到36.5欧元；到了17～18岁时，平均每月可以从父母那里得到56.3欧元。据比利时一家银行和一家研究机构联合开展的一项抽样调查表明，10～18岁的孩子，每年零花钱的总额高达6.5亿欧元（包括家长定时给的零花钱；每逢孩子生日或节日父母额外给孩子的一些补贴；家庭的其他成员给孩子的一些资助，如“压岁钱”；孩子利用假期打工挣的钱等）。平均每人每年为729欧元，月均60欧元左右。而据德国经济研究机构的“孩子消费分析”报告称，德国孩子每月得到的各种零花钱平均为每月75欧元，每年孩子的消费能力高达75亿欧元，其零花钱水平要高于比利时。

父母在将情况了然于胸后，才可以坐下来与孩子讨论零花钱的问题。当然，这种讨论和协商应当是平等的，但同时又应当是有原则的。这里讲的平等是指父母与孩子都可将零花钱的有关事宜摆到桌面上谈，畅所欲言。这里讲的原则是指对零花钱的数量确定要适度。当然，在讨论和协商中，父母与孩子都应在坚持大的原则的前提下，善于做出妥协，以形成一致的意见和决定。

3. 零花钱计划一旦启动，父母与孩子都必须严格执行

从父母方面讲，应按月足额给孩子零花钱，做到不克扣、不拖延。从孩子方面讲，必须严格按计划执行，若出现一月的钱几天或半月就花完的情况，父母有权坚持不再追加。对孩子其他亲属，如爷爷、奶奶、外公、外婆等，也要提前打招呼，以防止孩子“堤内损失堤外补”。

父母给孩子零花钱的方式可灵活多样。在孩子刚开始独立支配自己的零花钱时，可按周给孩子零花钱，慢慢地培养孩子良好的花钱习惯。在这一时期，父母可于每周日晚上以现金形式给孩子下一周的零花钱。当孩子一个时期未出现将一周的钱提前花完，甚至还略有节余时，父母就应当与孩子协商讨论，要求并指导孩子在银行开设独立账户，父母定期通过转账形式足额将孩子的零花钱转入孩子的单独账户。一般情况下，孩子的账户应以银行存折的形式出现，不要用信用卡，以免出现孩子在不经意中透支消费的情况。通过银行活期存折这种形式，孩子能够随时了解自己账户里的零花钱还有多少，做到胸中有数，计划消费。

这样做的好处有，通过孩子自己管账，让他们早一些学会独立处理私人财务，学会理财。与此同时，让孩子通过这种方式不但懂得如何消费，并且知道细水长流的理财之道。

中国孩子最喜欢的是过大年。在中国民间，流传着这样一句俗语：“孩

子望过年，大人望插田。”以往岁月，孩子之所以望过年，缘由大致如此：一是过年放鞭炮，看大戏，赛龙灯，舞狮子，走亲戚，热闹好玩；二是过年时好吃的东西特多，能大大地一饱口福，能穿上新衣（人们对春节的期盼，其实也是一种对短缺经济告别的期盼。现在中国经济发展了，国民富裕了，因此，春节也就逐渐褪去了它原有的浓烈色彩，而逐渐归于平淡了）；三是孩子给长辈拜年，能收到一些“压岁钱”，以作零花钱。到了21世纪的今天，孩子们依旧对过年情有独钟，缘由不外乎两个：一个是春节放寒假，能够暂时缓解一下在校读书的压力，好好玩上一把，还能看看中央电视台的春节晚会；另一个是能够收到一笔“压岁钱”。作为父母，怎样指导孩子花好这笔“压岁钱”呢？

（1）提前打招呼。过年前，父母应向亲属们提前打招呼，特别是孩子的长辈中手头比较宽裕的，更要提前打招呼：给孩子“压岁钱”，表示一下意思即可，不要太多，适度即好。因为：第一，人情是把锯，你来我得去，来而不往非礼也，亲戚间都有孩子，人情重了，双方家庭的经济负担也就重了；第二，在孩子的成长期，钱太多，孩子自制能力又不是很强，对孩子的成长不一定是件好事；第三，长辈们的家境不一致，若有的给太多，有的给太少，也容易使孩子势利起来，世故起来，这对孩子的成长也不利。

（2）父母对孩子的“压岁钱”不要采取全额收缴或部分收缴的方式来堵。而应采取引导的方式，比如要求孩子将“压岁钱”先存入自己的银行账户内，并告诉孩子春节过后再作商量这笔钱怎么花。

（3）与孩子共同商量，将这笔钱恰到好处地花到孩子的学习和生活上。一般情况下，父母要先听听孩子的意见，或询问孩子，对学习或生活用品有一些什么样的期盼。在具体的处置上有三个途径：一是用这笔钱为孩子购物，如孩子期盼有架钢琴或小提琴，好的文房四宝或好的滑冰鞋，等等；二是将这笔钱作为孩子未来的学费；三是将这笔钱存起来，以实现下一期更大的财务计划目标。

第二节　培养孩子简朴的生活习惯

心理学家威廉·詹姆士说："播下一个行动，收获一种习惯；播下一种习惯，收获一种性格；播下一种性格，收获一种命运。"从小养成的习惯会伴随人一生，在孩子成长初期培养他勤俭节约的品质，会使他受益终身，成为蕴藏在他内心深处的取之不尽的资本。

消费至上，享受第一，奢侈浪费，只知享乐的生活方式，会让孩子养成贪婪、攀比、从众、追求时髦、喜新厌旧等很多坏习惯。孩子将来无论做什么工作，都要走上独自生活的道路，要想生活得好，勤劳节俭就必不可少。很多穷奢极欲的富人，很快就落入入不敷出、倾家荡产的境地；很多勤俭节约的富人，总是尽力计划自己的需求，延迟对奢侈品的购买，保持有序节制的生活习惯，他们手中的资本雪球因而越滚越大。所以，家长应该以身作则，培养孩子勤俭节约的品质。

四年级小学生郑浩这几天放学回来格外乖巧，不用催促就主动完成了作业，吃饭时碗里也没有剩下一粒米，还帮奶奶把碗筷收拾了。这让爸爸妈妈很满意，以往郑浩吃饭特别挑食，也不会主动洗碗。汶川地震发生后，全家人一致用灾区小朋友的处境教育郑浩节约用水用电，不能浪费粮食，不能乱花钱。郑浩看着电视中小朋友们的情况，主动要求省下零花钱给灾区小朋友买书。

对于大手大脚的孩子，一位退休教师深有感触："我们的一些孩子小小年纪就会乱花钱，这都是父母的错。把孩子看成'小皇帝'，从小宠着惯着，孩子要什么就买什么，必然会让孩子产生依赖、不劳而获乃至挥霍的不良思想。家长要培养孩子的良好习惯，尤其是智慧性习惯和社会公德性习惯，而这些都会影响孩子将来的命运。"

上例中，家长利用地震后各种物资短缺的事实教育郑浩要勤俭节约。本来平常每天都在重复的话，在活生生的现实面前，孩子自己真正地理解了。不但明白了自己生活的幸福，感受了灾区孩子的困难，还身体力行地主动省下零花钱给灾区小朋友买书。

家长是孩子的一面镜子，也是孩子的第一任老师，因此，家长要以身作则。生活中，很多孩子在吃、穿、行上攀比成风；在日常生活中随意浪费粮食；平常在外面吃饭时大手大脚，剩的要比吃的多；为了摆阔气乱点很多菜，吃不完也不打包带走，究其原因，还是家长对孩子的影响不够。如果家长在生活中就不懂得勤俭节约，让孩子自己学习勤俭节约也是不可能的。

现在的家庭很多都是由祖父母、父母、孩子三代人构成，基本是一个家庭只有一个孩子，因此形成了大人围绕孩子转的情况。孩子就是大人尤其是祖父母的心肝宝贝，他们对孩子有求必应，伸手必给，生怕孩子不高兴。逢年过节，亲友更是争相给孩子压岁钱，少则数百，多则上千或上万。如果家长不进行正确引导，任由孩子乱买东西，花钱大手大脚，没有一点儿节俭意识，养成奢侈浪费的行为也就不奇怪了。

另外，孩子心智还没成熟，很容易受外界因素的影响。奢侈的风气让孩子们之间互相攀比，谁花的钱多谁就有威信，这更容易让孩子走上歪路。很多家长虽然反对孩子的奢侈浪费行为，平常也会批评孩子，但大多治标不治本，这是因为不从根本上纠正孩子不良的生活习惯，很难让孩子有所改变。有什么样的家长，就会有什么样的孩子。家长爱学习，孩子也爱学习；家长爱劳动，孩子也爱劳动；家长乐于助人，孩子也乐于助人。其实，让一个孩子养成某种习惯并非难事，关键看家长怎么教育，而家长的言传身教是最好的教育。

在大洋的彼岸，同样是面对富裕的生活，美国的家长却有着完全不同的做法。他们平时很少给孩子零花钱，因此，孩子们会通过在校园里捡垃圾、收集饮料瓶来换成钱，或是给别人送报、修剪草坪来赚取自己的零花钱。每个孩子都不会有一丁点儿的难为情，他们更为自己挣到钱而自豪。美国父母的目的就是培养孩子自力更生、勤俭节约的习惯。

古人云：勤能补拙，俭以养廉。只要能够勤劳，即使是天赋差一些，也会把工作学习搞好，会在事业上做出成绩。只要能够节俭，不贪图物质享受，不追求奢华生活，保持廉洁的美德，在事业上就会不断追求进取，有所成就。因此，家长要培养孩子养成勤俭节约的生活习惯，这种习惯会让孩子受益终生。

培养孩子勤俭节约的习惯，让他们从做一些自己力所能及的事情开始。如：吃饭时不剩饭，饭菜不随意扔掉；用水时水龙头不要开得太大，用完后要关紧水龙头；不丢弃没写完的作业本和纸张，可以留做草稿纸或他用，养成双面用纸的好习惯。

培养孩子勤俭节约的习惯，也可以安排孩子多做些家务事。家长可以安排孩子做一些力所能及的家务，让他真正体会到劳动的艰辛和不易，从而自觉地养成勤俭节约的习惯。

同时，家长应积极配合学校的工作，正确引导孩子，培养孩子艰苦朴素、勤俭节约的品格，坚决拒绝孩子提出的不合理的物质要求，向他们解释拒绝的理由，让他们学会珍惜家长的劳动成果。

在这一过程中，父母需要注意把握以下几点：

1. 让孩子懂得“节俭是美德之母”

节俭是人类一切美德的基础，没有勤俭朴素的美德，其他任何高尚美德的树立和养成也就无从谈起。在生活中，要教育孩子自觉采取勤俭节约的生活态度，逐渐养成勤俭朴素的生活习惯。

2. 让孩子树立正确的金钱观

很多孩子不知道家长挣钱的辛苦，以为钱来得很容易，所以花起来也不心疼。在国外，很多孩子从中小学就开始打工挣学费。因为有了切实的

劳动经历，他们对于钱的来之不易有切身的体会，花起钱来也就不会过于大手大脚。

要让孩子懂得金钱不是万能的，还有比金钱更重要的东西。有钱可以买来物质，却买不来精神和道德；有钱可以买来书本，却买不来知识；有钱可以买来药品，却买不来健康；有钱可以拉拢别人，却买不来真正的友谊。

父母还应让孩子懂得要靠诚实的劳动去换取金钱，任何歪门邪道来的钱都不能要。还要教育孩子只能花自己挣的钱或者是家长给的钱，绝不能私自拿家里的钱、要别的同学的钱，更不能偷别人的钱。

3. 让孩子花钱有节制

孩子手中有一些零用钱，那是父母给孩子的备用金，比如乘坐公车或是临时之需。但是，很多孩子总是把这些钱随意花费，买许多根本不需要的东西，造成金钱上的浪费。要想改变这一点，不妨让孩子在买某一件东西时问一问自己，这件东西是不是非买不可？如果答案是否定的，那么孩子就不会再买了。

4. 让孩子学会从点滴做起

“谁知盘中餐，粒粒皆辛苦。”不管家庭生活状况如何，父母都要教会孩子具有勤俭朴素的意识。让孩子从生活中的小事做起，养成节俭的习惯。

第三节　各国对孩子的理财知识教育

不少中国父母会惯着孩子，条件的家庭会给予孩子更多的零用钱，只要孩子有需要就会给出。其实理财教育是不仅仅要让孩子认识钱的概念，还要懂得自己的理财计划。确实，金钱是一把双刃剑，富裕的生活本身应当有益无害，但如果缺乏完善、正确的价值观指导，就有可能对孩子产生负面的影响。为了避免金钱给孩子带来伤害，也许家长应当尽早培养孩子健康完善的价值观和理财观。在此，不妨看看国外一些发达国家和地区在儿童理财教育上所做的努力，也许对一些中国家长来说，会有一点启发、指导意义。

1. 美国：每年300万孩子打工

美国儿童的理财教育从孩子很小的时候就开始了，同时也得到了美国政府的重视。由美国教育部资助，全国34个州的3000所中小学生家长参加了一项庞大的储蓄计划——“为美国而储蓄”计划。

不过，美国儿童理财教育最主要还是来自家庭和学校。从孩子踏进幼儿园起，孩子们就会接受有关的理财概念。他们会知道钱是什么以及钱在生活中是何等重要。在美国，鼓励孩子打工是教会孩子处理财务的重要手段之一，美国每年大约有300万中小学生在外打工。另外美国人常常将自己不需要的东西拿出来拍卖，而小孩也会将自己用不着的玩具摆在家门口出售，以获得一点儿收入。此外，许多学校都在开设相关的课程，鼓励学生研究证券市场、投资理财、信贷业务。

美国“股神”巴菲特还亲自教儿童理财。他还曾经在美国在线主持了一个卡通节目，专门教孩子理财，孩子可在其中“学习理财课程，在商业领域中探险”。据悉这是巴菲特自己想出的点子，并亲自为节目定名。

2. 以色列：挣钱和节俭一起教

很多中国人都知道犹太人对孩子的理财教育很有一套，特别是北美的犹太人。在犹太家庭教育中关于钱的教育有几大基本原则是要遵循的：

第一是每个人都有明确的物权概念，我的就是我的，你的就是你的，要保护自己的财产，同时要尊重别人的财产，损害要赔偿，侵占要付出代价。

第二，对于钱或者个人财产要知道珍惜，不可以浪费，犹太人讲究节俭，生活基本功能得到保障就可以，不炫富，不追求豪车和奇装异服。

第三，要知道钱怎么来的。

第四，要知道钱财是有限的，智慧是伴随终生的。

犹太人的理财教育最为重要的还是传授给孩子关于钱的最核心的理念，那就是责任。孩子知道钱怎么来的，也就更进一步地知道了节俭。不光要节俭，还要懂得付出，懂得慈善。不光是为个人，也是为社会。

3. 英国：1/3 儿童钱存银行

英国人的理财教育方针是提倡理性消费，鼓励精打细算，并且把他们这种理财观念传授给下一代。在英国，儿童储蓄账户越来越流行，大多数银行都为 16 岁以下的孩子开设了特别账户，有 1/3 的英国儿童将他们的零用钱和打工收入存入银行和储蓄借贷的金融机构。

英国政府还公布了一系列新的教学改革计划，根据这一系列计划，从 2011 年秋季开始，储蓄和理财成为英国中小学学生的必修课。

英国儿童事务大臣保尔斯说，儿童从 5 岁开始就要接受理财教育，搞清楚硬币和纸币的区别，要懂得钱的不同来源，并懂得钱可以用于多种目的；7 岁到 11 岁的学生要学习管理自己的钱，认识到储蓄对于满足未来需求的作用，学习如何管理银行和储蓄账户、如何做预算。

4. 瑞士：小学生“挣钱”体验生活

瑞士的小学里虽没有理财课程，但是却有一些实习内容，比如一个学期里专门有那么一天让小学生到任意一家公司或店铺里打工，体验工作挣钱的艰辛。另外，学校还会定期组织模拟市场，让同学们从家长那儿“进货”，当然，也就是一些吃的、喝的和小玩意儿，然后再拿到学校来卖。

孩子们挣到的钱就用作出去露营、参观等活动的经费。每逢节假日，瑞士的一些中小学生会拿着自制的小食品和手工艺品到集市或大街上叫卖，路人一般也都很支持他们，多少会买一些。这叫勤工俭学也好，叫体验生活也罢，总之瑞士的家长从小就会给孩子灌输自食其力、勤俭节约的思想。实际上，这也是瑞士的一大民族特色。

第八章　塑造孩子的良好品德和行为习惯

良好的品德和行为习惯是孩子将来安身立命的保障，更是成为领导者的基础。一个人若没有良好的品德，别说是领导者，就是一名合格员工恐怕也做不成；同样，若没有好的行为习惯，一个人就不可能收获他人的尊敬，更不可能收获成功。培养孩子领导能力，千万别忘了先塑造孩子的良好品德和行为习惯。

第一节　家庭是培养孩子好习惯的学校

俗话说：成事必须先成人，即一个人要成才，首先要具备健全的人格和优秀的品质。从小培养孩子良好的道德行为习惯，对于孩子的品德和社会性的发展都具有重要的作用，是孩子成就自我的基础。

孩子既是父母的希望，也是父母的骄傲，承载着父母太多的希望和梦想。“望子成龙，望女成凤”，这是每一个父母的良好愿望。同时，从孩子出生到成人，家长也开始了为人父母的漫漫教子之路。孩子首先接受的教育是父母的教育。正如人们所说：家长是孩子的第一任老师。可见，家庭教育在孩子成长过程中的重要性。事实上，家庭教育会影响孩子的一生。

传统教育学派的赫尔巴特认为：道德教育是教育最根本、最首要的任务，一切教育都应围绕对受教育者进行道德教育——培养完善的人进行。而苏联教育家马卡连柯认为，在儿童良好习惯的培养中，父母应该成为儿童行为习惯的导师。这给家长教育孩子以很多的启示，因此，在培养孩子的问题上，作为家长，对孩子的成长，应该扎扎实实推行素质教育，除看重孩了的学习成绩外，也应注重培养孩子健康的体魄和健全的人格。那么，家长具体应该怎么做呢？以下方法可供借鉴：

1. 教孩子说话算数，信守诺言

在对孩子进行道德品质的培养方面，应要求孩子要做到：说话诚实，讲信用。当今市场经济主导下的社会，事实上就是“契约社会”，“人无信不立”，诚实守信是做人的基本准则。要求孩子对人诚实，重信守诺，既是对孩子进行品格培养，也是为孩子进入社会做准备。为此，应该与孩子约定：如果他做了错事隐瞒不报或说了谎话，将视情节轻重取消他一周或一个月的自由安排时间，如果他主动告诉大人，则对他所犯的错误不进行追究。作为家长，与孩子如此约定基于两个原因：一是允许孩子犯错误，孩子犯

错并不可怕，孩子是在不断犯错误的过程中成长起来的；二是孩子犯了什么错，作为大人一定要知道，这有利于帮助孩子改正错误，而且家长也应做到说话算数。

小明在读小学三年级的时候，回家说要买资料，结果将钱拿去买了动画游戏卡，后来，妈妈提出看看他买的资料，事情自然就露了馅，没话说，作为他说谎所付出的代价是：卡片全部没收，所花销的钱在他的零花钱中一一扣除，接连两周他的自由活动时间就交由妈妈给他安排了。另一次，是学校课间休息，小明在教室走廊上和同学打闹，把自己的手也擦破了皮，还被罚扫了地。晚上回家吃饭的时候他主动谈了被罚扫地的原因，妈妈听后，给他指出在教室和走廊上追玩打闹的弊端：既影响他人，又有严重的安全隐患。妈妈信守承诺，只是提醒他今后玩耍时要注意选择场地和时间，并未对他再进行惩罚。之后，母子二人一直信守相互之间的约定，孩子与大人之间的交流非常平等，孩子对大人没有畏惧心理，将发生的事情可以坦然地告诉家长。到现在，小明在学校的大小事情都愿回家对父母说，这有利于父母了解孩子的所思所想,更有利于对孩子实施家庭教育。事实上,在日积月累中，孩子诚实守信的品格自自然然地就形成了。

2. 在培养孩子行为习惯方面，要从细小的事情或偶然事件入手

特别是不好的行为第一次出现的时候，更不能轻易放过，否则会错失教育良机。

张先生的孩子还只有三岁多的时候，一天，张先生单位里的几位同事到家里来作客，其中的一位叔叔去抱孩子，孩子正在同

小伙伴玩，挥动着的小手正好打在叔叔脸上。当时孩子也有些蒙了，看着爸爸，爸爸也知道他不是故意的，就说："啊，你做错事了，快向叔叔道歉！"叔叔说："没关系，他不是故意的。"这时，孩子听到大人如此讲，也跟着说："叔叔说没有关系。"一句稚语逗得满屋的人开怀大笑。孩子也扬扬自得。此时，叔叔正抱着他，叔侄二人嬉闹着都不想理这件事了。

当时张先生想：如果这件事就这样算了，有可能孩子今后就会认为，只要不是故意的就没有什么大不了的，如果第一次不改变他的观点，那么今后再纠正就会更困难。于是，张先生过去从叔叔手中接过孩子，同客人打了声招呼，把他带到另一间屋子，问他为什么不向叔叔道歉，他回答："叔叔说没关系。"张先生再问："你认为打人是对的还是错的？"孩子回答："打人是不对的。"张先生说："是啊，虽然你是误打了人，但首先打人就有错，错了，就应该道歉。"孩子不吱声，张先生再问他错了该怎么办，孩子就是不回答。

当时气氛很不好，张先生对孩子说："如果你今天认识不到你的错误，你就不能离开这间屋子。"这时，孩子的泪水夺眶而出，哽咽着哭起来。说真的，那一刻，见孩子哭得如此伤心，张先生心里都有些不忍，很想就此为止。但他告诫自己：千万不要前功尽弃。张先生一边给孩子擦眼泪，一边告诉他，哭不能解决问题。过了一阵，待孩子收住了哭，张先生再问他："假如别人误伤了你，你希望别人怎么办？"孩子回答说："希望他跟我道歉，说对不起。"张先生说："对啊，任何人做错了事首先都应该这样做。现在，你知道自己该怎么做了吗？"孩子点点头说知道了。张先生说："行啊，你可以出去了。"孩子到客厅大大方方地向叔叔道了歉，

还得到了客人的表扬。

张先生说，事实上，那一次的教育对孩子的影响非常大，孩子现在都还记得，这样的教育方式让孩子变得很明白事理，养成了不打人，不说脏话，不欺小朋友的好习惯，与玩伴和同学都相处得很好。

3. 在培养孩子的行为习惯方面，家长一定要做好榜样示范作用

在大人的身后站着的是孩子，大人的一言一行对孩子来说都是示范。比如不说脏话、不随地吐痰、不乱丢垃圾等。如果大人做不到，孩子也多半做不到。因此，家长可以约定：谁说了脏话，就自己作检讨，谁乱扔东西，除了把它捡起来之外，还得被罚做家务劳动，在家在外都一样，家庭每个成员一视同仁。孩子很有兴趣，乐于监督大人，自然他自己就会时时注意自己的言行了。

总之，作为家长，教育孩子无小事。家庭是培养孩子习惯的学校，父母是培养孩子习惯的老师。正如人们所说：无论是好的习惯或坏的习惯，孩子大多是从父母那儿学来的，从一个孩子的身上（少儿时期）可以反映出一个家庭的文化水平和素质。在对孩子进行良好道德品质和行为习惯的培养过程中，必须从细处、从实处着手，积极配合学校的养成教育，持之以恒地进行。只有如此，家庭教育才能收到更好的效果，提高孩子的综合素质才不是一句空话。

第二节　拥有爱心是做人的基本品质

“爱心”是人类教育一个永恒的主题，“爱心教育”则是开展德育教育

活动的基础。“予人玫瑰，手有余香”一直是我们所心仪的爱的境界，但是孩子的爱心是不会与生俱来的，要通过后天习得，在培养孩子爱心的过程中，家长具有责无旁贷的责任。

现在的孩子基本上都是独生子女，比起过去的前辈普遍缺少爱心，容易以自我为中心，情感淡漠，没有追求，合作精神差，遇到任何事都认为别人应该让着自己，却很少设身处地地站在别人的角度想问题。

随着家庭教育的普及，家长们已认识到教育的重要性，但是很多家长又走入了一个误区，就是只关注孩子的学习成绩，认为成绩好了，孩子就会有一个幸福的未来，自己的教育就是成功的。其实这还远远不够，如果一个人是情感上的低能儿，缺乏爱心，那他不仅不能为社会作出什么贡献，也不会给自己的家人带来幸福。而人的品德形成都有一个年龄阶段，越小的孩子越好教育。家长要抓住孩子品德形成的关键时期，从点滴的小事做起，比如尊敬长辈、同情弱者等，这对孩子的价值观、人生观形成都会有好的影响。

那么，家长应该如何培养孩子的爱心呢？

1. 让孩子学会感受爱

很多孩子把别人对自己付出的关爱，看做是理所当然，缺乏敏感而变得冷漠。原因是家长没有及时提醒孩子体会别人的关爱。学会感受爱，学会体验爱，是学会感恩、学会付出爱的前提和基础。爱的感觉是需要点点滴滴培养的。有了爱的感觉，孩子才能有能力从细微之处、平常之处感受到“有人爱我”。

2. 别忘了教孩子说“谢谢”

一位年轻的母亲在孩子刚学会说话的时候，就教孩子将手放在胸前，说：“谢谢！”并在他接受了别人的帮助时，提醒他及时对别人表示感谢。这是一个多么睿智的母亲呀。她深知培养孩子成为一个心中有爱的人是多

么的重要。

感恩的一个重要方法,就是多说:“谢谢。”“谢谢”有多少,爱就有多少;生命需要“谢谢”,生命离不开“谢谢”。说“谢谢”是要让孩子有感激之情,不能使孩子对别人的帮助及恩惠视而不见,而要尊重和感谢别人。

3. 给孩子爱的机会

对成人来说,接受孩子的爱是幸福的、快乐的;对孩子来说,给予别人爱,别人能理解,能感悟到,比接受成人的爱更快乐!然而,我们许多的父母,却把孩子爱的权利剥夺了。在独生子女家庭中,孩子被各种各样的成人的爱包围了,所有的大人都比孩子“强大”,孩子没有爱大人的机会,反而被大人爱得“死去活来”。

一个小女孩正在家里写作业,爸爸下班回来了,她马上倒了一杯茶水,递到爸爸面前:“爸爸,请喝茶!”谁知,爸爸冷冰冰地说:“去去去,写作业去!别趁机跑出去玩!谁用你倒茶,多考个100分比什么都强!”

孩子心中刚刚萌发出来的爱的火花,就这样被父母无情地扑灭了。渐渐地,孩子明白了,父母所要求的就是他考高分,上重点学校,别的什么都不需要了。难怪有人说,无情无义的孩子的出现,是家长过度溺爱的结果。

爱不是天生的,是后天习得的,你不让孩子做,他就永远不懂得什么是爱,如何去爱。

赵小姐的母亲生病住院了,赵小姐的妹妹在医院陪伴时,只是一味地在床边坐着,既不知主动给母亲倒水,也不知主动问母亲有何需要,所以母亲特别盼望赵小姐去陪伴。后来说起此事时,赵小姐的妹妹说："我不知道呀，你们从来没有人告诉过我要怎么做，我怎么知道呢？"原来赵小姐的妹妹是最小的孩子，从小被父母、姐姐宠爱，却不知如何去爱。

家长一味包办代替，让孩子坐享其成，孩子没有施爱的机会，这样孩子的爱心是无法培养的。

爱是一种延续，爱是一种积累，没有积累和延续就很难形成爱的习惯，当你期望它出现时，它就不会出现。爱的积累和延续除了需要有充分的施爱机会外，还需要被回应，被感受。

4. 珍爱一切生命

我们经常看到这样的景象：小区的花园里，孩子将花朵折断，把花瓣撒得遍地都是；揪住小树的枝条打秋千，将花园糟蹋得一片凋零，家长们在一边却笑得非常灿烂，还不停地夸自己的孩子勇敢，丝毫没有感受到孩子的内心已然在这样的游戏中一点点地变得冷漠而残忍。

我们对这一切的发生是如此的习以为常。我们的教育似乎缺少了什么，缺少了一种对生命尊重的教育。

丰子恺曾劝告小孩子不要肆意用脚去踩蚂蚁，不要用火或水去残害蚂蚁。他认为自己这样做不仅仅出于怜悯之心，更是怕小孩子的那一点点残忍之心以后扩大开来，以至于驾着飞机装着炸弹去炸无辜的贫民。

薄情会产生冷漠，冷漠会产生自私自利，而自私自利则是残酷无情之源。为了防止薄情的滋生，作为家长，我们要培养孩子学会真诚地关心、惦念、怜惜一切有生之物和美好的东西——树木、花草、禽鸟、动物。如果一个孩子会深切地关心在隆冬的严寒中无处栖身的小麻雀，并设法保护它免遭灾难，能想到保护花草过冬，那么这个孩子待人也绝不会冷酷无情。

只有敬畏一切生命，才能珍爱一切生命。珍爱一切生命，首先要珍爱

自己，一个连自己生命都不热爱的人，他不会去珍爱别的生命。家长可以让孩子种植一些花草和饲养一些小动物，在照料花草和小动物的过程中，感受成长之不易。

5. 做个善良的人

有一位父亲为了“锻炼”儿子的胆量，买来一些小鸡让孩子掐死。那个孩子开始很胆怯，最后在父亲的教导下，活生生将一只只小鸡掐死。这位父亲指导他的儿子获得了“胆量”的同时，孩子已失去了一颗对事物的仁爱之心。

巴金教育子女有过一句名言，值得我们铭记，他是这样说的：“第一是善良，第二是善良，第三还是善良。”善良是金。

教育有两大目标：一是帮助人变得聪明；二是帮助人变得善良。善良的情感是良心的头道防线，真正的善良能改变世界。莎士比亚说：“善良的心地就是黄金。”

人的残忍和暴力的行为往往是从童年伤害小动物时获得快感开始的。因此，家长一定要教育孩子尊重生命；不要让孩子虐待各种小动物，不要让孩子看见家长杀死动物。如果无法避免，就要在特例中，向孩子认真讲明这样做的理由。

另外，少用暴力对待孩子。过于严厉的惩罚不利于克服孩子的残忍行为，要注重方式、方法，采用一般性提醒、批评、沟通疏导及温和式的惩罚。暴力教育方式会滋生或助长孩子的残暴行为。

培养孩子的善良情感，一个重要原则就是，绝不能容忍孩子的残忍行为。平时要教导孩子无论在什么情况下，都不要有伤害别人的念头，更不能讲所谓的“哥们儿义气”而去助纣为虐。

培养孩子做个善良的人，一句话：“勿以善小而不为，勿以恶小而为之。”

总之，要想把孩子培养成一个有爱心的人，不是一朝一夕之事。家长要做好培养孩子爱心的启蒙老师，只有这样，才能让世界处处充满爱！

第三节　最不该说的话

在培养孩子的良好品德问题和行为习惯时，父母切忌说以下的话：

1.“你怎么越大越……”

在批评或责备孩子的时候，期待值过高，将成人的标准强加于孩子，是父母常犯的一个典型错误。这样的父母不知道，或者，由于望子成龙、望女成凤的心态太急迫，使他们有意识地忽略掉，孩子的成长有孩子的成长所必须遵循的“规律”。

事实上，这样的道理是明摆着的。比如，如果一个六岁的孩子因为得不到他想要的东西而哭泣，那是因为他只有六岁；如果一个四岁的孩子总是无法在汽车座椅里保持安静，那是因为他只有四岁。虽然我们总是希望孩子能表现得更成熟听话一些，但事实是：孩子们总要经历那些固执、淘气、自我中心、多动等行为的年月，这是他们成长的必需。

但是很多父母很容易忘记这个事实，因此孩子这些“不乖”的行为总是令他们恼火。可是，当你对孩子说出“你怎么越来越……”这样的话的时候，你所表达的只是空洞的责备，而忽略了孩子会这样做的原因。当你对孩子大喊：“你怎么越大越不听话”、“这么大了，连这点事情都不会”时，你所关注的只是自己的感受，而不是孩子的实际所能。对于这样的父母，我们的建议是，你应多去了解幼小的孩子的感受，在你忍不住要责备他的时候，请用一些比较有同情心的句子来开头：“你看上去非常生气”或者“我知道你不高兴，但这样的事情总是难免要发生的”。这样，孩子就会觉得，你不是一个特别苛刻的人。

年幼的孩子自制力不够，他因此会犯这样那样的错误。除了遵循循序渐进的原则来教导他之外，这时，过多的责备和苛求恐怕的确不是明智的。比如，想要孩子自己收拾玩具，可孩子通常不会主动想起来收拾玩具。即使父母督促他去做，他也可能觉得这并不是很重要的。如果父母因此而责备他，很有可能会引起他的反感。即使他去做了，也是很不情愿的。如果这样的情况长期持续下去，等孩子年纪大一点，他就会对父母的要求置之不理，甚至还会造成孩子对父母的抵触。

总之，父母在责备和批评孩子之前，一定要区分清楚，这是否是允许孩子犯的错误，还是不应该犯的错误。孩子不是生来就懂规矩、明白事理的。他们也不是在某一个特定的年龄内，就自动地学到自制力、学会听话和守规矩的。

2.“你的年纪不小了，应该知道这些了……”

几位妈妈正在为如何批评孩子而向一位育儿专家抱怨。专家于是设想了一个情景，引导这些年轻妈妈怎么样来责备孩子。

专家说：“假如有一天早晨，一切事情都像是不对劲——电话铃声响个不停，孩子又大哭大闹，等你还没转过身来，牛奶就已煮煳了。这时，你丈夫看看煮煳的牛奶说：‘天啊！你什么时候才能学会煮牛奶？’这时你的反应会怎样？”

甲太太说：“我会把牛奶泼到他身上！”

乙太太说：“我会说：‘你能干，你去煮你的混账牛奶吧！’”

丙太太则说：“我会很难过，我会哭。”

这时专家提问说：“我们能不能很轻松地再为他煮一杯牛奶呢？”

“除非是让我放点儿泻药在里面！”甲太太开玩笑地回答说。

专家又说："当他上班去了以后，你是不是还能轻松地完成家里的清洁工作呢？"

甲太太说："休想办到。这一天都给他气饱了。"

专家说："假如情况不变，牛奶还是煳的，但是你丈夫看看眼前的情况，对你说：'啊，亲爱的，你今天早晨真是太不容易了，孩子在哭，电话又找你，现在牛奶又让你伤脑筋了。'这时你的反应会怎样？"

甲太太："要是我丈夫这样对我说的话，我就高兴得要死了！"

乙太太："我会觉得晕乎乎的。"

丙太太："我会觉得很甜蜜、很快乐。"

这时专家问："为什么？"

乙太太回答说："因为你会有一种感激他没有指责你的感觉。你感觉他的心与你在一起，没有把你撇开，跟你作对。"

专家追问："那么，当他上班去了以后，你收拾房间会不会觉得很辛苦？"

丙太太回答说："不会！我会一边做一边唱歌。"

"现在我再告诉你们第三种类型的丈夫。他看着煮煳了的牛奶对你说：'来，好太太，我来做给你看牛奶是怎么煮的。'你们会怎么想呢？"专家说。

"啊，不行！"甲太太说，"他比第一个还糟。他这么一来，教你觉得自己一点儿用都没有了。"

这时专家启发说："那么，我们现在来看看，从这三类煮牛奶的事件中，我们能学到什么样的教育孩子的经验呢？"

"我知道你的意思了，"甲太太抢着回答说，"我常常对孩子说：'你的年纪不小了，该知道这些了。'这种说法一定使他心里

很愤怒。事实上我每次跟他谈话，他都很生气。”

丙太太则说：“我常常在我认为是理所当然的事情上，批评我的孩子。我所说的话，就跟我小时候我母亲责骂我时所说的一样。那时候我为了她说的话而恨她。在她眼里，我做的事情没有一件是对的，她常常要重做。”

专家说：“现在，你们是否发现，你们是在用同样的方式跟你们的孩子说话？”“是这样。”几位妈妈异口同声说。

“那么，”专家说，“我们是否可以检讨一下，当我们做错了事情的时候，什么样的批评能让我们接受，又是什么样的批评让我们接受不了？”

乙太太说：“对方能了解你，让你最接受得了。”

丙太太说：“对方没有责备你，让你最接受得了。”

甲太太说：“没有告诉你该怎样改进，让你最接受得了。”

在批评孩子这件事情上，显然，语言具有很大的力量。为了让我们的家庭气氛和谐美满，有一些不该说的话，我们最好就不要把它施加于孩子身上。

3.“你怎么那么笨……”

在语言交际的过程中，大家都能体会到，轻蔑的形容词如同有毒的箭，只能加诸于敌人，而不能用来对付自己的朋友和亲人。然而，在许多家庭里，父母在责备和批评幼小的孩子的时候，却常常对自己所使用的语言缺乏警觉，不加分辨地就将一些有毒的言辞加诸孩子。殊不知，当你在说“这把椅子真丑”的时候，并不会对椅子发生什么作用，椅子既不会觉得被侮辱，也不会觉得窘迫。它原来是什么样子，还是什么样子，丝毫不在乎你怎么说它。可是，你要是说一个孩子丑、笨或迟钝的话，那就会对孩子产生影响，在他的身体和心灵里产生一连串的反应。他会产生愤怒、怨恨的感情，会幻想有一天要报复。同时，他又会从报复是一种罪恶的想法中，进一步产生幻想和焦虑的罪恶感，其结果很可能导致他表现出乖张的行为。

孩子在听说他迟钝的时候，最初他可能会抗辩说："不，我不笨！"可是时间一长，由于他一再听到你说他笨，再加上他相信父母，他可能就会认为他是真的迟钝。于是，他在无意中跌了一跤或被绊了一下的时候，他就会对自己说："你真笨。"说不定从此以后，凡是需要手脚灵便的事，他都会避开去做。原因是他已经相信他的手脚迟钝，没能力做好。

父母一再说一个孩子笨，这个孩子就会真的相信，事情真是这个样子。起初他是承认自己不行，然后就会放弃在心智方面的努力，逃避一切的竞争和比赛，以免因为失败而遭受奚落。这样的孩子的座右铭是"多做多错，少做少错"。因此，他的安全保障就成了"别去尝试"！

为了尽量不用污蔑性的言辞伤害到孩子，父母在对孩子生气发火的时候，首先是一定要克制自己的愤怒，并把它控制在安全范围内。因为在发怒的时候，人的行为举动就可能像是一个失去了头脑的人，我们对孩子所说的话和所做的事，如果是要加诸于我们的仇敌，也可能要犹豫一下，可是对我们的孩子，却毫不犹豫。我们会向孩子大叫，侮辱他们，体罚他们。等到这一场锣鼓喧天的戏唱完之后，我们又感到内疚，郑重其事地决定今后再不做这样的事。可是过不了多久，愤怒就会重新袭击我们，破坏我们原有的仁爱心，从而让我们忘了我们再度痛责的人，正是我们为了他的幸福而愿意奉献出生命和幸福的人。

对于可能会制造怨恨和愤慨的字眼与批评，我们都应该有所警觉，并尽量避免如下说话方式：

侮辱——"你给我们丢脸了，没给我们带一点荣耀回来"。

加头衔——"懒鬼，饭桶，笨蛋"。

预言——“你早晚会犯罪，在监狱里蹲一辈子”。

威胁——“如果你再不定下心来，就别想再在我这儿拿到一分零花钱”。

指责——“总是你领头闯祸”。

呵斥——“住嘴，听我说”。

在棘手的情况下，父母如果能够心平气和地说明自己的感受和思想，要比攻击孩子的人格和尊严有效得多。

父母一旦抛开了锐利伤人的批评，开始用关爱的态度去倾听，用不带侮辱性的方式说明内心的感受和需求，在孩子的心里就会产生一连串的变化。同情的气氛有如磁铁的吸引力,拉着孩子亲近父母。他们的态度、性情、思考方式、礼节相应地会有显著的改变，而且效果持久。

4.“你敢再顶嘴？马上给我滚出家门去！”

在大多数的家庭里，父母因为责备子女而与子女发生的冲突总是以有规律的、可以预期的步骤进行：先是孩子做错了什么事或说错了什么话；接着便招来了父母的羞辱；而被羞辱的孩子的反应是表现得更坏；接着，父母又会以更高亢的驳斥加以威胁，甚至施以体罚；最后，就成了不可收拾的糟糕局面。

八岁的安安正在玩一个玻璃杯子。

妈妈看见了，警告说：“你会打破杯子的，你常常会打破东西。”

安安不同意妈妈的警告，申辩说：“我才没有呢。”

正说着，杯子就掉在地上摔碎了。

妈妈这下生气了：“哎呀，你看！你真笨，家里的东西都让你给破坏了。”

安安一听，毫不思索就脱口而出：“你也笨。你把爸爸的电动剃须刀给弄坏了。”

安安居然敢反唇相讥！这下妈妈更生气了："什么？你竟敢说你妈妈笨！你真是没教养！"

安安毫不退让："你才没教养，是你先说我笨的。"

妈妈气急败坏："你敢再顶嘴？马上给我滚出家门去！"

安安显得很无所谓："随你说吧，你高兴怎么办就怎么办！"

妈妈在自己的权威受到直接的挑战之后，自然是气得不得了。她怒火冲天地抓住孩子就打。安安为了躲避母亲的体罚，顺势推了母亲一把。本来就没站稳的母亲这下摔倒在沙发上，手臂碰到了茶几上的玻璃花瓶，玻璃花瓶从茶几跌落到地板上，摔得粉碎。

见到妈妈平时一向珍爱的花瓶摔碎了，安安惊恐万分，他知道这下祸闯大了，急忙跑出家门，直到天色很晚才被找到。

不用说，这样一来，全家人都闹得鸡犬不宁，又是打电话，又是上街找，又是求警察，当天晚上肯定没有一个人睡得好觉。在这种情形下，安安是否得到了不该玩空玻璃杯子的教训，已经不重要了。重要的是，他和他妈妈都得到了一个否定性的教训：在这场冲突中，他和妈妈都失败了！事后再来总结这场冲突——它是不是必需的？可不可以避免？像这一类的事情是否可以换一种较好的方式来解决？——或许便多少有点后悔的意味了。

事实上，在这个故事里，妈妈完全可以采取另一种解决办法：当刚看到儿子在玩玻璃杯的时候，妈妈完全可以给他拿走，逗他玩比较适合他玩的游戏，比如橡皮球之类的东西，这样，就不会发生以后的事了。即使在玻璃杯摔破了的时候，妈妈也可帮儿子把碎片捡起来，同时用"这个杯子很容易摔破，而且一旦摔破了，到处都是玻璃碴"之类的话加以评论，这样，安安肯定会感到出乎意料，不知不觉便会感到内疚，并为自己的失误而向妈妈道歉了。在没有喊叫和体罚的情况下，安安的脑海里可能就会得出一

个结论："玻璃杯不是拿来玩的，我今后再也不玩这个了。"

总结起来看，父母在责备孩子的时候，应该掌握如下一些分寸：

第一，责备要有标准，而且这个标准不要依场合、时间、状况的变化而有所差异。责备的六字真言就是"马上、当场、认真"。第二，责备有一些禁语，做父母的一定要少用这些禁语。比如，"我最讨厌你了"、"看看你的德行"等。责备的语言一定要针对孩子的所作所为，不要针对孩子本人。这样，在责备孩子的错误行为时，就能正确地传达给他哪些行为是不能做的。第三，责备要针对不同的年龄层次。针对不同年龄段、不同个性的孩子，责备的方法应该有所差异。比如，一岁半到两岁的孩子，正处于调皮捣蛋的时期。这是孩子的成长规律所致。因此，针对这个年龄段的孩子的调皮，稍微让他尝试一点挫折感就可以了。如果真的是必须禁止他做的事，可以重复地教导他，让他产生自我认同感，从而逐渐成为一个有主见的孩子。三到四岁的孩子正是淘气的时候，但是他们也开始比较的"懂事"、"讲道理"。因此，针对这个年龄段的孩子，父母在责备他的时候，一定要明确地说出责备的理由，并且采用他们能够理解的责备方法。这个阶段的孩子虽然很倔犟，但基本上已能感受别人的情绪。五到六岁的孩子非常"狂妄"，神气活现。这时，单纯的责备已很难奏效。即使你跟他讲道理，他也可能对你所讲的道理加以质疑，甚至将其推翻。因此，这个阶段的孩子，应该逐渐让他学会承认并理解事物的多样性，容忍差异，并独立地完成自己身边的事。

恰当的责备也是一种很好的沟通方式。它的目的不是为责备而责备，而是"交流"，"达成共识"。因此，责备之后有个如何安抚的问题。如果父母事后实在是心疼孩子，安抚最好以肢体语言来表示。可以抱住孩子告诉他："爸爸妈妈也许是严厉了一点，但是你也有错。"这样，做父母的既达到了教育孩子的目的，又不会与孩子产生情感的隔阂。肢体语言所表现的爱，可以让孩子明了，即使是自己受到责难，也不会因此受到歧视。

在安抚孩子的时候，千万不要对孩子说“对不起”。在我们一般的印象当中，对孩子说“对不起”是家庭民主的表现。但是，除非是我们错怪了孩子，在孩子被责骂后，即使孩子的心情非常郁闷，父母也不要向孩子道歉说“都是爸爸妈妈不好，对不起”，“因为这么一点小事就冲你发脾气，真对不起”。如果这样做，孩子对自己的所作所为便很难判断是对是错，从而会导致孩子在价值观上的无所适从。

第四节 让孩子学会感恩

学会感恩，对于现在的孩子来说尤其重要。因为，现在的家庭独生子女居多，他们都是家庭的中心，是家中的“小皇帝”、“小公主”。家中四五个大人围着他们转，孩子要什么，就给什么，真是“含在嘴里怕化了，捧在手心怕掉了”。久而久之，孩子的心中就只有自己，没有别人了。要让他们学会感恩，其实就是让他们学会尊重他人。当孩子感谢他人的善行时，第一反应常常是今后自己也应该这样做，这就给孩子一种行为上的暗示，让他从小知道爱别人、帮助别人。

有位哲学家说过，世界上最大的悲剧或不幸，就是一个人大言不惭地说没有人给他任何东西。家庭的德育工作应该重视感恩教育，让孩子学会知恩、感恩，父母的养育之恩，老师的教育之恩，社会的关爱之恩，军队的保卫之恩，祖国的呵护之恩……从家庭开始，学会尊重他人，以平等的眼光看待每一个生命，尊重每一份平凡普通的劳动，也更加尊重自己。经常怀着感恩之心，才会心地坦荡，胸怀宽阔，自觉自愿地给人以帮助，助人为乐。

那么我们如何让孩子懂得感恩呢？

第一，父母的言传身教。对于一个孩子来说特别是儿童来说，说教是起不了什么作用的，重要的是父母的言行对孩子的影响作用，孩子很乐于

模仿，父母的言行对孩子的影响很大。父母应该是懂得感恩的人，父母要通过自己的言传身教去教育感染孩子。例如，当孩子为你捡起掉在地上的笔，或给你端来一杯水，一句“谢谢你”会让孩子深深感动，并让孩子知道恩情和回报。通过父母不断地言传身教，让孩子真正懂得感恩。

第二，父母不要过多地干涉孩子，特别是不要事事都替孩子打理。父母为孩子做得太多往往会使孩子养成不好的习惯，认为这是父母必须给他做的，要让他明白父母为他做这些是很辛苦的，这样他才会懂得感恩。培养孩子独立完成自己分内的事情，培养他的责任心，让他懂得父母的辛苦，他才知道报答父母。

第三，多给孩子讲述感恩故事。从小故事里教育孩子懂得感恩。让孩子从故事中学习如何去感恩。使感恩升华为思想教育，告诉孩子为什么要感恩，应该如何去感恩。通过正面的影响让孩子懂得如何去做，如何感恩。

第四，让孩子感恩身边所有的人。当孩子觉得学习有进步时，父母要引导孩子感谢老师的谆谆教诲，感谢同学、伙伴的互相帮助；当孩子穿着漂亮的衣服，高兴地吃着爱吃的东西时，要让孩子知道父母工作的辛苦，知道父母赚钱的不容易；教导孩子孝敬老人，告诉孩子，是爷爷奶奶含辛茹苦抚养父母成人，让孩子对爷爷奶奶心存感激；当邻居帮了自家一个小忙，一定要领着孩子上门道谢，让孩子懂得对别人给予自己的帮助、情谊和恩惠应当感谢。

第五，让孩子学会感恩生活。一个完全以自我为中心、不懂得感恩生活的人，将会给自己和别人都带来痛苦，因为他总是把得到的都视为应该如此的，总会忽略别人的善意，而铭记别人的一点点过失和冒犯。这样的人痛苦总多于欢乐，怨恨总多于感动。

不管孩子遇到什么事，只要需要父母的帮助，父母都可以在这个时候，教育自己的孩子，让他懂得对父母的回报无处不在，当他养成了回报父母的习惯，他也会养成回报别人的习惯，感恩就这样缓缓地渗入了孩子的心灵。

第九章　提升孩子的交际协调能力

一个单位、一个部门是由各种各样的人组成的，在工作中不可避免地会产生这样那样的矛盾和冲突。领导者在工作中也会与上级、下属、同事和其他单位发生一些矛盾。这样，就要求领导者能善于协调各方面的关系，巧妙地解决矛盾，消除误会，建立和谐良好的人际关系，获取上级的支持和下属、同事的拥护以及其他单位的帮助。所以，提升孩子的交际协调能力对于培养孩子的领导力而言很重要。

第一节 孩子的交际协调能力很重要

社会关系实际上决定着一个人能够发展到什么程度。

交际能力是在人成长过程中起着极其重要作用的一种能力，现在有不少孩子不善交际，不会交际，甚至害怕交际，有的到了成年，还视交际如险滩，迟迟不敢把脚步迈出去。美国心理学家卡耐基认为：一个人的成功30%靠才能，70%靠人际关系。人际交往能力是一种驾驭生活、完善自我的能力。在竞争日益激烈的今天，如何让孩子走出孤独，学会交往，应是家长需要解读的课题。

曾有一家长抱怨说："我的女儿平常在家时行为举止正常，只是一见陌生人就胆怯退缩，不敢说话，躲在角落里。在学校里，她从来不主动与同学说话，也不与同学玩。她上课不敢举手发言，老师叫她回答问题时，说话声音像蚊子一样，下课从不出教室，一个人缩在角落里不敢动。近来，女儿因其他原因受到了老师的批评，这本来是很平常的事，但她很不情愿到校上学，学习成绩也在不断下降。我真不知该如何才好。"

导致这种情况发生的主要原因是：现如今，独生子女的比例越来越大，他们没有兄弟姐妹可以交流，大多数时间是在单元房里孤独地面对电视机、电脑、游戏机，与同伴交流合作的机会非常少，孩子缺少了室外活动和社会交往的机会，天真活泼的童心受到了抑制，形成了"自我中心"、"自私"、"孤僻"的性格特征。这极大地影响了孩子今后的发展。

人无法离群索居。每个人每天都需要从他人那里获得信息，学习他人的经验和能力，以及与他人沟通协调，合作完成工作，所以培养孩子的人际交往能力是十分必要的。

交往对孩子的成长、个性的形成和发展具有特殊意义。一个人的个性总是在特定的社会环境下，通过与他人的交往逐步形成的。孩子兴趣的培

养、情绪和能力的发展都离不开交往。正是交往，才使孩子有了更多的学习各种知识并获得社会经验的机会。在与他人交往的过程中，孩子逐渐理解和掌握道德行为规范、社会价值观念，学会认识别人和评价自己，渐渐地形成自己不同于他人的意识倾向、心理特点和个性品质。

良好的交往能力是建立良好人际关系的基础和前提，它有利于心理的健康发展，有利于自我意识的发展与完善，有利于克服困难、促进事业的成功，并实现人生价值。

乔治·华盛顿大学的心理学家莱金·菲利普斯认为，许多孩子不能与他人正常交往的原因，是因为他们没有学会基本的人际交往技能，从而也不能以正常的方式和别人交往。

小强是小学二年级的一名学生。他聪明大胆、活泼又有主见，深得父母的宠爱，在家俨然是个小霸王的模样。在与同伴交往的时候，小强也显得非常霸道、任性，常常为了一点小事就与同伴发生争吵。因此许多孩子都不愿与他交往，家长为此很苦恼。后来，老师积极引导家长转变家教行为，有意识地培养孩子学会自我控制，合理调整和伙伴之间的相互行为关系，使孩子充分体验到与同伴合作游戏的快乐。后来，小强交到了许多朋友，快乐与自信又回到了脸上。

交往是让孩子适应社会、进入社会的一个重要途径。孩子只有在与同伴、成人的友好交往过程中，才能尽早学会在平等的基础上协调各种关系，正确地认识和评价自己，形成积极向上的情感。

交往能力强，对孩子来说有百利而无一害。善于与他人交往的孩子在学校，不仅能够从容地与同龄人交往，而且能够从容与老师等成人交往。

而孩子是否善于同别人打交道，在人群中人缘如何，对他以后的学习和人生的发展有很大的影响。因此，父母要从小重视培养孩子与人交往的能力。

一位成功学专家说：所有成功的人之所以成功，是因为他们的人际关系非常好。从小培养孩子的人际交往能力，这是值得家长重视的一个带有普遍性的问题。一个活泼开朗、乐于与人交往的孩子容易受到同伴的欢迎和成人的喜爱，而且容易适应新环境。

随着社会的发展，人际交往的功能越发显得重要，父母必须重视对孩子交往能力的培养，使孩子更好地适应社会的发展。怎样让孩子学会与人相处，与人交往，培养孩子生存能力，这是父母很重要的一课。

1. 营造一个和谐健康的家庭氛围

父母营造一个健康和谐的环境对孩子的人际关系的培养十分重要。家庭作为孩子生活居住的第一场所，为孩子提供了最初的交往环境与需要。良好的家庭氛围容易让孩子产生交往的兴趣和需要，而父母对孩子交往需要的满足则更强化了孩子的这种兴趣，让孩子从小就乐于与人交往，与人沟通，表达自己的意愿和想法。要想让孩子有一个和谐健康的人际交往关系，家长就必须为孩子创造一个和谐健康的家庭环境。父母作为孩子的第一任老师，在很多方面对孩子有潜移默化的影响，孩子的模仿能力很强，常常把父母的一些语言、行为、习惯带入到自己的生活中。家庭成员之间应尽量避免当着孩子的面发生争执，因为这种争执的局面，不仅会让孩子感到紧张、恐慌，还会使孩子在不知不觉中学到一些负面的交往方式，如，恶语攻击对方、动手攻击对方等。

2. 鼓励孩子多交朋友

交朋友，是孩子认识社会、驱除孤独的需要。一个孩子如果不会交朋友，那么这个孩子就会变得很孤独，就很难与人沟通，很难适应社会。所以，作为孩子的父母，在孩子没有朋友时，应主动地给孩子找朋友玩。如果孩

子的朋友比较多时，还要帮助孩子与小朋友处好关系。

3. 为孩子创设交往的机会

交往的技能只有在与人交往中才能学会。家长应该尽可能地为孩子打开生活空间，让孩子走出家门，广交朋友。家长要经常找机会带孩子与同龄伙伴交往。可以经常去孩子同学家或有孩子的朋友家串门，让孩子学习一些社交礼仪和规矩，体会交往的乐趣；也可以请他们来家里玩，培养孩子热情待客的习惯和善待别人的品性。为孩子创设一个与伙伴交往的氛围，让孩子在不知不觉中提高交往能力，获得别的孩子的友谊。

4. 培养孩子的语言表达能力

口语是社会生活的入场券，交际能力的核心是说话能力，因为交际的最直接形式是“说”。不会说，或者说不好，如何与人交际？因此，从小就要培养孩子会说爱说的语言能力，为他们进行交往活动打下必要的基础。会说，说得巧，答得妙，其交际成功的可能性自然就大。家长可以常出一些模棱两可的辩论题与孩子进行辩论，也可以故意提出一些不正确或片面的观点，让孩子据理反驳。对孩子平时话语中的差错，家长得作必要的纠正，及时帮助孩子提高认识。平时，如果有可能的话，应鼓励孩子参加演讲比赛，鼓励孩子上课或开会时积极发言。多和别人交际，也是训练和提高表达能力的主要途径，表达能力是在实际中锻炼出来的。

5. 让孩子学会自己解决冲突

人际交往中遇到矛盾是不可避免的，而善于解决交往矛盾，是高水平的合作与交往能力的标志。法国心理学家高顿教授通过一项专题研究证实，那些在儿童时代难以接受批评的孩子，长大后也大多会对批评持厌恶或干脆抗拒的消极态度。因此，当孩子跟同龄人交往时，遇到矛盾与问题，应该让孩子迎着问题去主动交涉。

打架、吵架是孩子交往中不可避免的问题，家长不能以自身的好恶、道德观来判断孩子间的是非、对错，切忌以“不吃亏”教育孩子，甚至强行干涉孩子，而不让他与对方碰面交往。

当孩子之间产生争吵时，家长首先不要大惊小怪，而应引导孩子正确认识交往中的各种矛盾，让孩子学会如何面对交往上的小问题，教给孩子一些正确的交往方法，如分享、交换、轮流、协商、合作等，让孩子学着自己解决问题。还应该适时公正地加以引导，培养孩子勇于改错的精神，能原谅他人，在交往中，能互相帮助，具有同情心。

6. 鼓励孩子多参加集体活动

孩子从两三岁开始，便产生了某种交往的愿望，这是萌芽阶段的交往心理。随着进入小学，他们便进入了集体，进入了社会。这时他们便也有了与同龄人交往、沟通的强烈愿望，而集体生活则创造了适于他们进行交往的最好条件。因此，父母要让孩子积极参加集体活动，增强孩子的集体观念。要积极创造条件，鼓励孩子参加各种集体活动和有益的社会活动、公益活动，包括生日庆祝活动、音乐欣赏会、故事会、讨论会等，让他们在集体活动中养成团结友爱、助人为乐的品质，学会调节集体和个人的关系，孩子的交际能力一定会大大提高。

为了让孩子了解和接触更大范围和更高层次的社交活动，可以有目的、有选择地让孩子参加家长与亲戚朋友间的迎、送、宴、请等社交活动，以及成人的社团活动，开阔孩子的视野，提高人际交往水平。

7. 教孩子学会交往的技能

北京某校发生了这样一件不愉快的事情：星期二下午一个班级的男生正在操场上认真练习跳高。孩子们都跳过了规定的高度，但有一个个子长得较矮胖的同学连跳两次没有跳过，第三次心里一阵紧张，不但没有跳过，还跌了个“狗吃屎”。同学们看到他的怪动作，虽发出一阵哄笑，仍有不少同学上前热情地将他扶起。可此时一个调皮的同学却冲着他说："没用的家伙，还是请你爸来帮你跳吧（父亲也长得矮胖）。"矮胖的同学自尊心受到极大伤害，顿时脸色通红，火冒三丈，即要动武，幸被大家劝住。

为了避免这样的情况发生，家长有必要指导孩子学习一些交往的原则，应引导孩子认识到，人与人之间是平等的，在交往中需要的是尊重和理解。

家长还要指导孩子学会沟通交往的技能和本领，如待人接物、礼仪、谦让、谈吐、举止的规范；正确处理与伙伴间的关系，友好地与同伴交谈，用别人喜欢的名称招呼他；赞扬他人要诚心诚意，批评他人时要与人为善；体察别人的情感，了解别人的需求；学会当接受别人的给予时，要考虑别人的奉献，追求自己需要时，想想别人的利益；引导孩子严于律己，宽以待人，不要斤斤计较，不要心胸狭隘，让孩子学会做人的准则。

第二节　培养孩子的团队精神

团队精神是指一种团结一致、互帮互助，为了一个共同的目标坚毅奋斗到底的精神。目前，在青少年甚至成人中都存在着一意孤行，缺乏团队精神的现象。这其中一个重要原因就是在童年教育中缺乏对孩子团队精神的培养。

人的本质是人的个体性和社会性的平衡，从原始社会开始我们就是群居的动物，我们一直属于一个群体，属于一个团队，我们是属于社会的一个个个体。孩子的成长其实就是不断提升对自我内在的世界以及外部世界的认知以及去适应的过程。从这个意义而言，孩子是属于社会的，属于他自己，不仅仅属于父母，因为我们的孩子都会走向社会，自己去担当。

团队精神的特征表现为沟通、协助、分享、学习、遵守规则、创造、解决问题等。今天，我们不得不面临这样一个现实，我们的孩子在以上各方面的表现都令人担忧。因为各种原因，我们的孩子在个体性和社会性之间失去了平衡，越来越缺乏团队的意识和精神。

缺乏团队意识的孩子，即使掌握了丰富的知识，具备了出色的技能，但“独木难成林”，走上社会后，缺乏他人的帮助，无法与他人合作，难以融入社会，甚至都无法去维护一个幸福的家庭。

那么如何去培养孩子的团队精神？其实很简单，分为三个步骤：

第一步是融入一个团队。这是最重要的第一步，孩子之间构成玩伴的关系，在一个团队持续的活动中去磨砺和成长。

第二步是体验和认知。孩子们在丰富有趣的团队活动体验中，不断地认知自我和认知伙伴，认知沟通和协助的价值，认知团队的目标和规则，不断去适应和提升各方面的能力。

第三步是展示和提升。我们需要给孩子提供充分地展示自己的舞台，让他们去展示个体与团队结合的魅力，让他们的团队精神得到巩固和深化。

有的孩子，其实有很大一部分是喜欢集体的，很快就和小朋友们玩在一起，不亦乐乎。他们的团队精神比较好培养。还有一部分，或者性格孤僻，或者怕生，或者孤傲，总之，有各种各样的原因让他们不愿意混在集体里，不愿意上幼儿园、上学校，这是比较难搞的。怎样让他们能够进入集体呢？

孩子与集体形成的纽带应该是集体活动，或者运动，或者游戏。孩子在集体活动中体会到快乐，体会到完成整个活动的成就感、满足感，他在潜意识中就会明白，集体有这样的快乐，能在集体里实现这样的价值。那么，如果一个孩子畏惧集体、孤僻，那怎么办？具体方法有很多。比如，他不跟小朋友玩，那总能跟父母玩吧？父母可以和他一起玩互动游戏，比如踢球，至少需要两个人踢，两人传球、配合，他踢出感觉，明白集体活动有

跟独自玩不一样的快乐。然后有一天父母没空了，叫他试着跟别人踢，慢慢地适应和他人的互动交流，慢慢地让他喜欢集体活动，慢慢地把他送到小朋友的活动里。可以一步步地来，循序渐进，慢慢改变他对小朋友的成见，体会集体的快乐，融入集体。

还有一种孩子是孤傲的，由于孩子课外学的东西挺多，觉得老师讲的没意思，不爱去课堂，不爱听课。这种思想苗头对融入团队也比较危险。这样的孩子觉得自己高人一等，这么小就有这样的观念，回头一定要吃亏的。所以家长必须教孩子学会尊重团队。即便老师讲的东西理解了，也可以听听与自己的理解有什么不同。也许是家长对孩子的优越感影响了孩子的自我感觉，让他自我感觉良好，觉得老师不行，小朋友们不如自己，这样很危险。所以家长必须让他尊重团队，不要高估自己、低估老师同学，这样融入团队后才有可能是出类拔萃的角色。脱离了团队，可能除了会孤芳自赏，将来什么都学不成，因为排斥团队就意味着失去了学习诸多能力的机会。

团队精神的核心并非只是混在小朋友堆里一起玩，最重要的是贡献能力、寻找快乐。必须让孩子在团队活动出力，并且去收获成果，让他明白，自己出的力帮助团队取得了很好的成果，得到肯定，自己也感到满足。比如说，孩子参加了学校的植树活动，对孩子来说，可能只是随大流走过场，去玩一玩。但是如果回来后你问他今天种了几棵树，他们班种了多少，告诉他他们班种的这些树，以后会成为一片树林，对绿化起到很大的作用，能改变这一地区的风景。他会大吃一惊，没想到自己和自己团队做的事情会有这么大的价值。也许在以后的集体活动，他会变得非常自觉，也变成活动的积极分子，明白自己所做的价值。如果父母责怪他："怎么参加活动把衣服弄这么脏？"他对集体活动就会困惑，参加什么事就会出工不出力，这种人很难运用集体的力量来完成事业。

孩子的教育中，一方面是自我精神、能力的培养，一方面是对团队的适应，两者并不矛盾，相辅相成，自我的个性和能力能在团队中如鱼得水，如虎添翼。团队精神的培养是个长期的过程，不要求一朝一夕，而是形成生活习惯。培养了团队精神的孩子，有很快融入团队并适应团队的能力。这不是一种夸大其词的空谈，而是实实在在的能力。而自小有团队精神的孩子，也会使家长的教育变得更加简单，因为他在团队中有学习切磋和自我教育的机会。

第三节　学会尊重他人

开朗、自信和强势的性格对孩子长大后在社会上自立自强有好处，但让孩子学会尊重他人，才是今后真正得以立足的关键。尊重他人不光意味着有礼貌，它是孩子健康发展的关键组成部分。只有尊重别人，才可能正视别人的意见，才有可能接受别人的建议。

在最近的一次朋友聚会上，方女士才突然明白，她的儿子居然完全不知“尊重他人”为何物。这个五岁的孩子整个下午都叫人劳神费力。方女士正与客人聊着天,他突然伸长了胳膊大叫:“我现在就要苹果汁！”方女士叫他稍等一分钟，他马上就大喊大叫起来:“妈妈，你给我闭嘴！”

方女士对儿子的爆发深感吃惊。但最令她伤心的是，她突然意识到儿子的举动对他来说已全然日常化了。虽然他在家会出其不意地表现出对妈妈的不尊重，但如果不是这次聚会，方女士还没有意识到事情已经到了这步田地。方女士不禁在想，在“对长辈要尊重”方面的教育上，她究竟哪些地方做得不够，导致儿子

今天的行为……

对此，父母应该反思：是自己删掉了孩子字典里“尊重”这个条目吗？

怎么到了这步田地？父母可能很自然地会去指责媒体，因为影视剧里常常会看到说各种俏皮话、拿成人开涮的小孩子。但是，应该说，父母对孩子不懂得尊重的行为，负有决定性的责任。作为父母，我们中的不少人对我们自己所遵从的权威的态度就是模棱两可的，而且我们又急切地要把孩子培养成独立的，要自己思考问题而不遵从别人指令的现代儿童。于是，我们在向孩子灌输遵规守矩时做得过分谨慎了，孩子的字典里几乎没有“尊重”这个条目。

所以，现在要做的就是改变我们自己的态度，这是让孩子学会尊重的第一步。

1. 我们首先是长辈，然后才是朋友

孩子们不太理解这个逻辑的一个原因是，现在父母们过于在意能否得到孩子的喜爱。

我们通常对自己和父母的关系表示不满、遗憾和无能为力，所以，我们希望与自己孩子间的关系会更紧密、更温馨。再有，我们中的许多人无法花足够多的时间跟孩子待在一起，并且为此感到不安，所以我们会试图通过与他做朋友来弥补这一缺憾。但是不幸的是，如果我们放弃管理职能而过于强调朋友的形象，反而会影响到孩子的安全感，让他在面对粗糙的社会时感到无所适从。

2. 减少不必要的解释

当父母要求孩子做什么事情时，不需要每次都向他解释事情的原委。可以简单地告诉三岁的孩子“把玩具放一边，现在该吃晚饭了”。告诉七岁的孩子他必须穿上那件大衣时，不需要罗列出十个理由，以显得父母通情达理。当然，在某些情况下，父母可以解释自己为什么那么做，但是不要总是讨价还价。要记住，我们是在做一个决定，不是一单生意。

当然，解释过多不是一个容易打破的习惯，所以请一点一点地来。我们可以告诉孩子我们的理由并且对他说“我们稍后再谈”，然后，在确保安全的情况下走开一会儿，让孩子自己思考。如果孩子坚持和我们争辩，我们要坚持自己的立场，因为多数孩子在发现争吵没有作用的时候就会自我约束了。

3. 一定要记住谁说了算

尽管“照我说的去做”显得简单生硬，不太符合现代孩子的胃口，但是那就是我们需要表达的中心意思。可以尝试采用下面的不那么武断的说法，既明确坚定地表达出我们的威严，又是充满对孩子的尊重和爱：“如果我让你不穿外套就出门的话，那么我就没有尽到做妈妈的职责。”我们需要不断用明确的语言强化：爸爸妈妈在一些方面是不容置疑的。最终孩子会明白，这个家到底谁说了算。

4. 尊重自己的隐私权

不要被迫去讲明白生活中的每个细节。有人会问，是不是应诚实地告诉孩子与老公吵架的真相？该不该坦诚地跟女儿谈谈上次的婚姻？专家的结论很干脆，不要！那些置父母于难堪境地，并且使父母感到有回答问题义务的孩子，是不会学会认同和理解别人的处境的。尊重，不仅仅是听大人的话，更是要认识到应该考虑每个人的感受，尤其是父母的。所以，我们只需回答那些让自己感觉舒服的问题，或者那些会对孩子的生活有直接影响的话题。三岁以上的孩子能够理解隐私的概念，而且也习惯有自己的一些小秘密了。

5. 当心我们说出的每一句话

有的父母会对孩子抱怨孩子幼儿园的老师，很快孩子便也会对老师做

出相同的议论。虽然并不是我们接触到的所有人都是正直的、和蔼的和值得特别尊重的，但是，当我们成年人在孩子面前抨击一些人或事的时候，我们发出的信号就会是“不尊重权威是可以的”。

留意我们对老师、朋友、祖父母和其他对孩子影响较大的人物的即时评论，要坚决停止说他们的坏话，因为即便孩子不完全理解我们的话，我们语气里的不尊重成分也会慢慢渗入他的心灵。

一个对女儿不按时上床睡觉毫无办法的爸爸，也会偷偷地为她的小反抗感到高兴，因为他喜欢女儿表达出自己的想法。这是当今父母常见的一种态度。在这个挑战权威普遍流行的年代，许多人都认为如果过于严格，会压制住孩子的勇气和热情。所以，在抱怨孩子不够尊重的同时，我们又会为他有勇气对我们说“不”而沾沾自喜。然而，在家不受限制的孩子，要适应社会上的限制就会更难。而且，很多人没有想到的一点是，当父母放弃了应有的权威，反而会影响孩子的安全感。因为在生命的最初几年，我们应该让他知道，有比他更成熟、更有能力的人在管理他的生活。

除了改变自己的态度以外，父母还应如何要求孩子呢？

1. 要求孩子的说话方式要表现出尊重

有的父母认为自我表达是一种健康行为，便会允许孩子通过大哭大闹的手段来随便发泄情绪。这绝不是什么好主意。多数孩子在打了父母，或者用言语顶撞了父母之后，会感到愧疚甚至害怕，因为他意识到自己伤害到了爱自己的人。但如果父母对孩子的无理行为无动于衷，慢慢地，他便不再有不好的感觉，并且不再关心自己的行为是不是影响到了别人。

2. 明确指出孩子的无理行为

很多孩子并没有意识到自己的言行是不合适的。这时，父母需要明确地告诉他：“你刚才说的话非常不好，再也不要这样说了。”

3. 让孩子尝到直接的后果

提前停止他与小伙伴的玩耍，或者把已经放在购物车里的糖果退回到货架上。如果当时的情况不允许让他尝到直接的后果，就让他稍后再体会到。比如说："你刚才的无礼行为，让我们在超市浪费了很多时间，所以今天晚上我们只能少玩一会儿了。"或者是："因为你今天说了不好听的话，今晚就不能看《海绵宝宝》了。"在行使惩戒职能的时候，一定要记住言而有信。

4. 明确表达出父母的希望

向孩子表达"应该尊重他人"这一想法的最好时机，是在他每次发作的间隔。从孩子两岁半开始，父母应该反复表明自己的期待，比如说"我不赞成拳打脚踢"，"我不喜欢你用言语伤害别人"，或者"我们应为你说过的伤人的话表示道歉"。在孩子小的时候就要明确地给他树立一些基本的价值观念，这会为他童年的健康发展奠定一个坚实的基础。研究发现，父母对孩子的期望表达得越清楚，孩子出现危险举动的可能就会越小。

5. 让孩子看到各种表达尊重的方式

从物质上具体地表现出感激之情是显示尊重他人的强有力的方法。比如给儿子的足球教练送去一盒点心以表谢意，或者当着女儿的面，称赞她的舞蹈老师演出组织得很好，还可以联合其他父母一起为生病的老师制作问候卡，并叫孩子们都签上名。这些小的表示和认可，传达的意思是：孩子们心中的权威人物都是为了他们好而努力工作的，值得尊重。

6. 遇到问题时，通过合作来解决

当孩子回家抱怨老师的时候，不要随口附和，甚至跟他一起攻击"敌人"。应该客观地了解具体事情的来龙去脉，然后找到礼貌的解决办法。不要提出具对抗性的办法，如果确实是老师有问题，可以去跟她说："我希望我们可以一起努力解决这个问题。"这种方式不仅会有好的结果，也

会教会孩子一个最重要的道理：如果他尊重别人，他也必然会得到尊重。

第四节　让孩子学会分享

分享就是指个体与别人共同享受欢乐、幸福、好处等。这是人的一种亲社会行为，是人在社会交往中需要获得的一种意识，一种能力，一种品质，也是每个人需要具备的一种美德，一种责任。学会分享是孩子成长发展中的一个重要的里程碑。孩子可以从充满童趣的分享活动中真切感受到分享带来的快乐，这对他们正确理解分享以及将来形成健全人格都具有十分重要的意义。然而，对于心理发展水平还处于以自我为中心为特征的幼儿来说，分享显然不是一件易事。因为孩子的分享行为并非天生，而是通过后天的教育和引导逐渐形成的。正因如此，在孩子的成长过程中，家长有义不容辞的责任培养孩子的分享品质。

但令人遗憾的是，如今，孩子的分享意识和能力并不强。之所以如此，很重要的一个原因是他们缺少分享的对象。由于现在的孩子大多数是独生子女，很多孩子成为家庭中的“独占”主体。无论是玩具还是食物，孩子都习惯了一个人“享受”，父母和爷爷奶奶总是以这样或者那样的理由拒绝孩子分享的物品。由此造成孩子的独占心理，认为什么物品都是自己的，什么事情都应该以自己为主。另外，由于现在居住环境的变化，居住于楼房的居民与邻里间的交往越来越少，这无形中减少了孩子与同辈群体的交往，从而剥夺了孩子与他人分享的机会，造成孩子自私的特点。

对于三岁之前的孩子来说，由于认知心理发展处于“自我中心”阶段，因此东西没有“你的”、“我的”、“我们的”分法。他开始掌握“所有权”的概念。但是还没有掌握“这个东西可以和别人一块玩、一块儿用”的概念。有时，不仅认为自己的东西真正是他的东西，而且把真正是别人（哥哥、姐姐、同伴）的东西，也会认为是自己的，这就是他看到别人有好玩的或好吃的，甚至会去抢的原因了。有时，他抢别人的玩具是他表现自主和独立的方式，也是他为自己争取权利的一种表示，和大年龄儿童的霸道是不同的。

儿童这种“独享”的概念是正常的，也是日后通往“共享”的必经之路。让孩子懂得所有，他才能学会分享。分享是拿出“我”的东西和“你”共用，懂得“所有”比懂得“分享”要早得多。在幼儿心理发展的过程中，两岁就懂得“我的”了，但到三四岁有的儿童才学会分享。

所以，家长们应该有意识地创造条件，培养孩子的分享意识和行为。一方面，家长可以利用家庭本身这一重要资源，让孩子学会分享。家庭是孩子社会交往的第一个场所，是孩子走向社会的桥梁，也是培养孩子分享行为的重要场所。孩子从出生那一刻起，便与父母及其他家庭成员交往，这是最初的社会交往行为。家庭成员与孩子的每一次分享行为都是孩子分享意识和行为形成的过程。另一方面，家长要多带孩子与同龄人交往，给他们创造在一起交流的机会，比如鼓励孩子上学、放学与居住同一社区的孩子一起走，一起玩，一起做作业，放学后让孩子带小朋友到自己家来玩；又如，几个家庭带孩子一起去郊游等。孩子与同龄人交往的机会多了，关系越来越密切，逐渐就会懂得了分享。

但是，需要指出的是，由于年幼的孩子理解能力有限，他们往往并不能准确地解读分享本身的含义，他们对分享的理解是通过与家长及他人的分享行为慢慢深化的，是一种由外而内的内化过程。家长无意的一言一行可能都会使孩子对分享本身产生错误的理解。比如有的家长虽然在强化孩子分享意识的过程中注意到培养孩子尊老爱幼的优秀品质，但这种分享却仅仅限于口头，流于形式。那么，如何做才能教孩子懂得分享呢？

1. 从小开始教

美国儿童教育顾问莎拉·里斯拉夫博士表示，孩子五岁前还无法理解“分享”的概念。然而一些基本规则可以从小时候教起，比如：“玩具大家轮流玩”，“她先玩，然后轮到你”，“玩具你不玩了，就让别的小朋友玩吧”。

2. 限制时间

克利夫兰儿童医院儿科专家琳恩·米里纳建议，可以采取限制时间的方法，他先玩十分钟，然后让别的孩子玩十分钟。让孩子明白，与别人分享玩具不等于永远失去玩具。

3. 不强迫孩子分享

另一位美国育儿专家米歇尔·拉罗维表示，与大人一样，小家伙也会有自己特别珍爱的玩具或图书，不要强迫孩子与他人分享。告诉孩子，与小伙伴一起玩的时候，不要把自己珍爱的东西拿出来炫耀。

4. 家长以身作则

美国儿童关爱与教育组织专家劳拉·奥尔森表示，身教重于言教，父母的行为对孩子影响最大。因此，父母应为孩子做出“分享示范”。比如，吃三明治的时候，问问孩子：“你要吃一块吗？”父母做其他事情时候，也应注意让孩子观察到父母在“分享”。

5. 选择一个主题

米歇尔·拉罗维表示，当孩子们在一起玩的时候，可以选择一个主题，比如，沙滩、农场、厨房等。如果玩具类似，颜色差不多，那么孩子就不太会争抢，更容易学会分享。

6. 角色互换

如果孩子经常对分享说“不”，那么不妨考虑与孩子互换角色。与孩子一起玩耍，当孩子想要你手中玩具的时候，你就说“不”。当小家伙感觉心烦时，你不妨晓之以理，让他明白“只有学会与小朋友分享玩具，大家才能开心地一起玩”。

第五节　建立平等和谐的亲子关系

父母和孩子要建立平等和谐的关系，只有在尊重和信任的基础上，家庭教育才能顺利地进行和完成。父母与孩子的亲密沟通，实际上是父母与孩子心灵的碰撞。

菁菁跟同学打架了，一身是伤地回到家。菁菁的父母把她拉到一边，不问青红皂白就把她打了一顿，然后才问她为什么跟别人打架。菁菁人小脾气拧，不管父母怎么问，就是一声不吭。菁菁的父母看着孩子不说话就生气了，又把菁菁骂了一顿。

第二天，妈妈接菁菁放学，去得有点晚了，回家的路上，妈妈边走边问："今天怎么不高兴啊？"菁菁回答："不理你！"妈妈没把这事放在心上。后来，又有好几次类似的事情发生，"不告诉你"、"不想说"就成了菁菁的口头禅。

沟通是家庭教育最主要的手段。父母想与孩子成为无话不谈的好朋友，和孩子进行沟通是十分必要的。通过沟通父母可及时发现、了解孩子的心理问题，以正确的方法给予引导，这对孩子的身心健康发展非常有利。

在家庭中，如果亲子关系较好，父母与孩子之间的沟通顺畅，孩子往往不需要父母督促而主动地学习、上进。相反，亲子关系紧张的家庭，不管父母怎样教育，结果都是"恨铁不成钢"。并不是孩子笨，而是孩子有心结，亲子沟通的障碍导致孩子产生了逆反心理。例如上述案例中的妈妈，就是不善于跟孩子进行沟通。

英国教育家斯宾塞说："孩子在想什么？面临怎样的问题？孩子的内心世界就像一个藏满秘密的盒子。在这个盒子里，有动物，有人物，有梦境，有情绪，杂乱无章地塞在里面。如果不经常打开来看看，有一天当你不经意地打开时，也许会从里面跑出来一只老鼠，吓你一大跳。"成功的父母，能掌握与孩子沟通的技巧，并成功地引导孩子的思想。这样的父母，不仅能达到引导孩子行为的目的，还可以教养出有主见的孩子。

孩子的心里总有许多稀奇古怪的想法，如今的社会，也给孩子提供了更多了解外界信息的途径：报纸杂志、广播电视、互联网等，所以现在的孩子无论是生理方面，还是心理方面，都很早熟。可是孩子还缺乏真正的理解和分辨能力，这时，就非常需要父母为他指点迷津，释疑解惑。

与孩子沟通之前，父母必须清楚地知道自己为什么要和孩子沟通，沟通的目的究竟是什么。事实上，父母和孩子沟通，是为了促进与孩子之间的关系，在良好亲子关系的基础上，去教育孩子，激励孩子，帮助孩子实现理想。从这个意义上说，建立了良好的亲子关系，就等于教育成功了一半。

沟通需要父母有足够的耐心。毕竟父母与孩子在年龄、心理、思想及感情等各方面都存在着巨大差异，相互理解需要一个过程。如果过于急躁，沟通就会成为泡影。只有掌握与孩子交谈的艺术，做孩子的朋友，才能使两代人做到真正意义上的沟通。以下，就为父母们提供几种具体方法：

1. 尊重孩子，蹲下来同孩子讲话

胡烟芬有一对可爱的儿女。一天，当一家人一同去超级市场时，四岁的儿子罗非因为姐姐先坐进汽车而不高兴，胡烟芬在车门口蹲下来，两只手握住儿子的双手，目光正视着儿子诚恳地说："儿子，谁先坐进汽车并不重要的，对吗？"罗非看着妈妈会意地点点头，钻进了汽车并挨着姐姐坐下了。

又有一次，大家一起去公园玩，罗非和姐姐跑跑跳跳，到湖边去看戏水的鸭群时，不小心绊了一跤，眼泪在他的大眼睛里滚动着，马上要流出来了。这时，胡烟芬又很自然地蹲下来，亲切地对儿子说："你已经是个大男孩了，绊一下是没关系的，对吗？"这时，孩子一下子就收住了眼泪，然后自己玩去了。

胡烟芬谈起自己的教育方式时说："在我小的时候，我的父母亲就是这样同我们说话的。我们认为，孩子也是独立的人，只因为他们比我们矮一些，所以我们应该蹲下来同他们说话……"

父母蹲下来，同孩子脸对脸、目光对视着谈话，体现了父母对孩子的尊重，体现了成人对孩子的事情认真又亲切的态度。同时，父母可以轻声细语地耐心说服教育孩子，而不是居高临下地大声呵斥。这样能促使孩子意识到自己同成年人是平等的，是受到尊重的人，有利于从小培养孩子的自尊、自信与合作精神，也能帮助孩子认真对待自己的问题或缺点，同时为孩子创造了乐于接受教育的良好心境，而不是使孩子听而不闻或产生逆反心理。这虽是一种很具体的教育方法，却体现了如何看待子女同父母的关系的教育观念，也从一个侧面体现出父母教育孩子的能力和水平。

2. 学会倾听孩子的心声

王强向妈妈说高兴的事，妈妈会产生共鸣，例如王强告诉妈妈他在学校里得到了老师的表扬，妈妈会称赞他说"噢，真棒，下次你会做得更好"；王强向妈妈诉说不高兴的事，妈妈会让他尽情地宣泄，并表示同情，例如当王强告诉妈妈他今天在学校跟同学打架了，还吃了亏，非常气愤地说明天要怎样报复时，妈妈会让他对着他的娃娃练一通拳击，然后说"打人也会手痛的吧，

明天你告诉老师，请求老师的帮助吧”；当王强向妈妈说着她不感兴趣的话题，或者在她很忙的时候，妈妈也会耐着性子听，还不时地用“嗯”、“噢”、“是吗”等词语，表示自己在认真地倾听，鼓励孩子继续说下去。这样，不仅使王强更乐意向妈妈倾诉，而且提高了他的语言表达能力。

倾听是沟通的前提。学会倾听，是沟通的第一步。只有倾听孩子的心里话，知道孩子想什么、关注什么和需要什么，才能有针对性地给予孩子关心和帮助，也会使以后的沟通变得更加容易。

当孩子要与父母沟通时，父母不妨先坐好，停下手上的工作，安静地看着孩子，不去打断他的话，全神贯注地倾听，不左顾右盼。这等于告诉孩子：“你是我重视的，我在认真地听，在注意你所说的一切。”如果父母这样做了，孩子一定会对父母说出他埋藏在心底深处的话。

3. 用爱温暖孩子的心灵

孔凡江最近不知道为什么，情绪总是很不好。父母说什么他都不爱听，叫他做什么他也不愿去做，而且不说明缘由。面对孩子的这种情况，妈妈想到孩子可能有了什么烦心事，也可能是处于叛逆期，所以没有对孩子盲目批评，而是放下父母居高临下的架子，与孩子心平气和地谈心，说：“儿子，最近有什么事吗？无论发生什么事情，妈妈都会与你一起分担的。”

孔凡江看到妈妈这样对待自己的暴躁，感动地说：“妈妈，我就是没有原因地心烦，没有别的事，你不用担心。这些天对你们的态度不好，请原谅。”孔凡江的妈妈听儿子这样说，知道儿子是处于青春成长期，于是给儿子讲起了自己那时的情况，并告诉儿子：这个时期人人都有，很快就会过去的。鼓励儿子多参加活动，合理发泄自己的情绪。孔凡江在妈妈温馨话语的鼓励下，很快调整了自己的情绪，又变回以前那个乖巧的孩子，并且比以前更懂事，更体贴父母了。

爱是阳光，能唤醒沉睡的种子；爱是雨露，能滋润干涸的心田。一位教育学家曾经说过："教育之没有爱，就像池塘没有水。没有水，就不能称之为池塘，没有爱则不能称之为教育。"

父母要在日常生活中，用自己的双手为孩子构筑一个爱的池塘，用爱来温暖孩子的心灵。当孩子表现出色的时候，父母的爱就是由衷的赞扬，能够给孩子快乐；当孩子缺乏自信的时候，父母的爱就是最好的鼓励，能给孩子信心；当孩子遇到挫折和失败的时候，父母的爱就是无限的温暖；甚至当孩子调皮的时候，父母的爱就是无声的批评和无形的约束。

4. 孩子的事情要跟孩子协商

郝红霞是个美丽的小女孩，乖巧听话，人见人爱。郝红霞虽然听话，但也有自己的主见，之所以很少与父母的意见相左，表现得听话懂事，是因父母对与她有关的事情，都与她平等商量，所以每一件事情都进行得很顺利。

一次，爸爸想给郝红霞报兴趣班，就同郝红霞商量道："爸爸看很多孩子都报了兴趣班，也想给你报一个，你是怎么想的？"郝红霞摇摇头说："我不想报，报了兴趣班就没有时间玩了。""不会的，爸爸帮你报一个你喜欢的、能在其中体验到快乐的兴趣班，不是报很多的班，你看呢？"郝红霞听爸爸这样说，低头想了一会儿，高兴地说："行啊，我喜欢唱歌，你给我报个歌唱班吧。"

就这样，爸爸与郝红霞把这件事情确定了下来。

郝红霞的父母经常这样，有关孩子的任何事情都与孩子商量，从不勉强孩子做她不乐意做的事，所以孩子都很乐意去做，并且完成得都很出色。

父母若想让孩子听话，使用暴力或者命令的方式，都不会收到好的效果。只有真诚、耐心地与孩子商量，听取孩子的意见与看法，才能取得孩子的认可，孩子对父母要求的事情才能够愉快地完成。

第六节　培养孩子的幽默感

同一父母所生的儿女，为什么有的孩子比较“爱笑”，有的孩子则喜欢皱眉头？笑眯眯、爱笑的孩子，谁不喜欢？谁不乐意与笑口常开的孩子亲近呢？

专家解释，所谓的幽默感就是通过语言或肢体语言的表达方式，让与自己互动的对象感到愉快的言语或举止。有这种言行举止的人，我们称为具有幽默感的人。

具有幽默感的孩子通常很乐观，在生活中不断地制造欢笑，让周围的人感到轻松愉快，自己也会富有成就感和自信。因此具有幽默感的孩子，也较容易获得友谊。

美国人是一个崇尚幽默的民族。美国人不仅把幽默看做一种可爱的性格，而且视其为可贵的品质。因此在许多美国父母看来，培养孩子的幽默感也是素质教育的一个有机组成部分。

根据美国专家从事的专题研究，幽默感是情商的重要组成部分。而人的幽默感大约三成是天生的，其余七成则须靠后天培养。因而在儿童教育专家的倡导下，许多父母甚至在婴儿刚出世六周便开始对其进行独特的“早期幽默感训练”。实际上，不少较聪明的婴儿这时确已萌发“幽默意识”。

研究发现，幽默感从出生后第一个月便开始了，如：小宝宝在父母的逗弄下，便会呵呵地笑个不停；而一岁左右的孩子，会因为玩“藏猫猫”而狂笑不已。专家认为孩子幽默感的发展与下面几个因素有关：

（1）认知与语言能力：孩子的认知与语言能力发展到某个程度后，幽默感即形成。当他听到或看到某件有趣的事时，经过判断后，就会发出哈哈的笑声。孩子的幽默感与成人的幽默感是不同的。

（2）父母的关怀：在三岁前得到父母疼爱与照顾的幼儿，会表现出比较好的幽默感。因此，要使孩子成为一个具有幽默感的人，父母应多给予孩子爱与关怀。

（3）愉快的学习气氛：在孩子成长学习的过程中，若总是处于一个轻松、愉快的学习气氛中，会使孩子体验到快乐，并促使他以快乐的心情来看待周围的人或事物，有利于幽默感的形成。

下面，让我们来看看美国家庭中不同年龄段的幽默感教育。

一周岁左右的孩子对他人的脸部表情已十分敏感。在其学步摔倒时，美国的父母大多是冲他做个鬼脸以表示安抚。幽默的力量是无穷的，此时他往往会被大人扮的鬼脸逗得破涕为笑。不仅如此，父母还鼓励孩子们模仿做鬼脸，做得愈怪异愈能得到赞赏。

两周岁时的孩子已能从身体或物品的不和谐性中发现幽默。如,大人把袜子戴在自己的手上,脸上则露出难受的表情。在美国，若孩子这时也学着把手套穿在脚上，父母不仅不对孩子横加指责，相反跟孩子一起哈哈大笑。

三岁孩子的智力，已发展到能认识概念不和谐中潜藏的幽默。当爸爸故意手拎妈妈小巧的女式皮包，或妈妈故意戴上爸爸粗大的男式手表时，孩子见了即会一边摇头一边大笑不止。美国的父母往往默许孩子装模作样地戴上爷爷的大礼帽，手持拐杖，行步蹒跚，从模仿中体味幽默的快乐。

四岁左右的孩子特别喜欢“过家家”，或扮演卡通人物。当美国人发现自己的儿子与邻家小女孩正在十分投入地扮演王子和公主时，不仅不阻拦，自己还可能客串坏蛋之类的小角色，添油加醋地让气氛更为生动、活泼。

五到六岁时，对语言中的幽默十分敏感。这时，美国父母会利用同音异义词和双关语的巧用及绕口令等的学习，增强孩子的幽默感。

七岁的孩子大多已上学。他们往往喜欢讲笑话、听笑话。有些笑话虽不够高雅，但大人们一般不去粗暴地批评乃至责备。他们认为，此时的孩子，尤其是那些淘气的男孩，往往会通过笑话或恶作剧来“平衡”或“调节”自己的心态。尽管其中的幽默可能让大人们不快甚至难堪，但大人理应包容。原因很简单：这是孩子成长过程的一个组成部分！此时若大人能正确引导，让孩子们知道什么是粗俗，什么是幽默，才是明智之举。

八岁以后的孩子已初具幽默感。美国的父母常常倾听孩子讲述有关学校生活的小笑话，并发出会心的欢笑，对孩子的幽默感作出肯定的表示。此外，大人们还常常引导孩子编幽默故事，改编电影、电视剧的情节或加添令人捧腹的结局。当孩子进入小学高年级时，学校会常常举办有关“幽默故事”写作或讲述的比赛。对于这类增强孩子幽默感的活动，父母们大多予以无保留的支持。

人身上与生俱来就有幽默感的因子，如果父母能好好鼓励并加以培养，让孩子成为一个幽默的人不是一件难事。不过，专家也提醒父母，在引导孩子具有幽默感特质时，应注意一些事项：

（1）幽默的语言以不伤害他人为原则。

（2）幽默的同时要注意人际间的礼貌。

（3）幽默的动作以不涉及危险动作为原则。

（4）与孩子说笑话或表演滑稽的动作时，要考虑孩子的年纪。因为大人认为好笑的语言或动作，孩子不见得有同感。但孩子认为好笑的语言或动作，大人要陪孩子一起笑(虽然从大人的角度来看也不见得好笑)。

总之，充满幽默感的语言和事物能让孩子的眼睛亮起来，无形中也刺激了孩子的思维和语言能力。当你对孩子说：“再不收拾玩具，以后就不给你买玩具了。”其实不妨加一点“幽默调味料”，如：“玩具们玩了一天都累了，要回家休息了，不然他们要哭了。”让自己和孩子在幽默的语言和气氛中轻松一下，给孩子足够的空间，让他们寻找自己的生活乐趣。

孩子的幽默性格一旦形成，对其一生都将产生重要的影响。具有幽默感的孩子大多开朗活泼，往往更讨他人的喜欢，人际关系也比不具幽默感的孩子好得多。幽默感还能帮助孩子更好地应对生活和学习中的压力和痛苦，因而幽默的孩子往往比较快活、聪明，能较轻松地完成学业，甚至拥有一个乐天、愉悦的人生。

第十章　锻造孩子的意志力

坚强的意志力能够帮助孩子冲破困境，赋予孩子从头再来的魅力与勇气。未来的人生道路不可能一帆风顺，要成为领导者，更要面对非同寻常的考验，因此，要想让孩子具备优秀的领导能力，家长就要用心锻造孩子的意志力，让孩子拥有“置之死地而后生”的胆识和气魄。

第一节　教孩子直面困难

父母要鼓励孩子坚持目标不放弃。孩子具有坚定的目标，才能够在挫折面前选择坚持，因为理想越强烈，孩子越希望维持这份理想。想让孩子在困境中坚持，就应该让他坚定自己的目标。

陈宇从三岁开始学钢琴，弹钢琴是他的理想。七岁时，他已经成为一个人人夸赞的钢琴小神童。陈宇一直为自己的成绩感到骄傲，他想为钢琴付出一生。可惜，一次意外事故中，陈宇的小手指被切断了。本来陈宇靠这双手弹钢琴，现在他一下子陷入了绝望。伤好后，妈妈鼓励他说："儿子，你一定不要放弃，谁说九个指头就弹不了钢琴？你要继续练琴，成为'九指'钢琴小王子，妈妈对你有信心。"陈宇也不想放弃，他坚持练琴，终于在钢琴上找回了自信。

孩子具有坚定的目标，才能有信心在任何困境中坚持，不放弃。任何在挫折前坚忍不拔的人，心中都有一个坚定的目标，不达目的誓不罢休。一个三心二意的人，目标不坚定，一旦遇到困难就容易轻言放弃。

父母还要教孩子学会总结挫折中的教训。"挫折能给人最大的教益"，父母要教孩子正确看待挫折，及时总结经验，想出更好的改进办法。能够在挫折中坚持，才能总结出失败的教训，力争做得更好。

赵江喜欢打篮球，是校篮球队队长。每次赛后，他有个习惯，就是总结经验。每次细心总结后，他总会发现团队的许多劣势，赵江从这些劣势入手，开始训练队伍，就能马上提高团队的配合

度。别的队长打比赛输了，总会很沮丧想放弃，赵江却总是快乐地接受每一次失败，他说，爸爸告诉他人需要在挫折中积累宝贵的经验教训。

孩子在挫折面前，不要轻易说放弃，要及时总结经验，调整好心态应对各种难题。孩子要在挫折中坚持，就要学会总结经验，这样才能真正地挺下去。

要让孩子直面困难，父母还应该教孩子越是在困境中，越要保持积极、乐观的心态，这是支撑孩子走下去的动力。挫折面前，要让孩子轻松，要让他知道，虽然一个人无法控制结局，但是他能控制自己的心情。

陈洋学种植盆栽，他每天都细心地照料它们，可是还是有一棵盆栽生病了，它的叶子一天天发黄。陈洋是个乐观的人，他不想放弃，积极查阅资料，还在网上咨询植物专家，终于找到了病因。原来是因为室内湿度太大，它晒阳光的时间有些短。陈洋赶紧补救，虽然他最终没能救活盆栽，但积累了宝贵的经验。

在挫折面前调整好心态，能够采取正确的行动，无论是总结经验，还是积极弥补，都比弃置不顾有意义。生活中的每一个挫折都能给人教益，孩子必须具备积极、乐观的心态，才能迅速吸收、接纳各种经验教训。

著名的心理学家马斯洛说："挫折对于孩子来说未必是件坏事，关键在于他对待挫折的态度。"的确，温室里的花朵，无力抵御风风雨雨，但草原上的野花，经受烈日的暴晒与风雨的洗礼，反而越发开得灿烂。愿我们的孩子，勇敢地面对成长过程中的风风雨雨，相信困难和挫折会让他们变得更加坚强，更加自信。

第二节　增加孩子的勇气

要给孩子增加勇气，父母可以参考以下步骤：

第一，要根据孩子的表现，拟定勇气教育的方法。许多家长在培养孩子勇气的过程中，经常感到在教育中会有某些不协调。怎么办呢？家长应该观察、比较孩子在情感、行为上的亲疏，明确孩子都依恋、倾向哪些对象，进而根据家庭成员间的关系疏密、情感远近、褒贬多少等角度相对客观地“观看”自己家庭中的家庭教育方式，着重从家教的价值取向、教养方式等方面认清自家家教过程中存在的教育问题。

第二，多给孩子表达各种感受的机会，增强孩子的自信心。从表面看，勇气是孩子表现出的一定外显行为，也是孩子内心深处对自己认识的一种反映。八岁至十岁这一阶段的孩子，大多数人已经能通过妈妈、爸爸、兄弟姐妹等亲人的观点和评价认识自己，但是妈妈、爸爸、兄弟姐妹等亲人对他们所说的“肯定能行”等关于勇气方面的类似评价，并不能使他们马上就树立起自己的自信心，外界的评价和自我的感觉还没有完全融合为一体，所以，虽然有正面的评价和夸奖，但孩子在情绪和行为上仍表现出一定的迷茫和退缩行为。因此，父母应该多给孩子表达各种感受的机会，让孩子在表达和感受中逐渐增强信心和勇气。

第三，家庭中的各种教育力量要一致、均衡。研究表明，教育依恋型儿童，不在于教育时间的长短，重要的是父母要表现出平等的品质，要注重与孩子的交往过程。也就是说，父母教育孩子的时间与机会应该一致、相等，不能以母亲为主或者以父亲为主，要让孩子感到父母都是他可以依赖、信任的对象。这提醒我们，应加强孩子父亲的教育力量，随着孩子年龄的增长，父亲要多参与孩子的教育活动，更多地从孩子的价值观、人生观、学业发展方向等方面进行引导，拓展孩子的精神世界，帮助孩子从更广泛

和深层的精神世界中寻求勇气的源泉和动力。

第四，化解消极情绪，增进情感沟通，寻找孩子的优点和长处。对于学龄儿童而言，应该重视他们对挫折、失败等消极情绪的表达，并且积极帮助他们化解这些消极的情绪体验，鼓励他们认识到自己还有许多优点和长处，让他们感到虽然面对的任务和情况复杂多变，但他们自己仍然有做得很好的方面，家人仍然理解他们经历的困难和挫折，在完成任务中，能力能够不断增长。有了这样的认识，孩子在面对可能遭受挫折或需要自己努力完成的任务时，勇气会越来越多。随着参与活动的增多，他们会对自己逐渐形成比较全面和客观的认识，逐渐悦纳自己，挑战自己，进而不知不觉中摆脱胆怯，变得积极主动和勇敢起来。

在这里，父母还格外注意以下几个问题：

（1）让孩子积累较多与其他孩子一起生活的经验。让孩子玩活泼的游戏，即使稍有一点危险的游戏，也无须大人喋喋不休地嘱咐个没完没了。

（2）不能毫无道理地把自己的想法强加给孩子。要把孩子从家长的桎梏中解放出来，大胆地让他与各种各样的朋友接触。

（3）孩子的怯弱不安，是受父母本身的态度影响的。如果父母对孩子的事总是过分担心的话，其情绪和态度就会传染给孩子，使他本人也变得不安起来，因为白天能够在户外生气勃勃地玩耍，所以父母就更要离开孩子，有时听任孩子去做是可以的。并且，当孩子因失败而表现出软弱胆小时，如果他能把失败的过程叙述得全面的话，就要表扬他。

（4）放开手脚让孩子自己寻找能玩在一起的小朋友。有时候孩子虽然成绩好，但是缺乏表达的能力。这种表达能力的缺乏是与本身的思维紧张和强烈的不安联系在一起的。因为一外出，他本人在情绪上就总是不安，所以就不能很好地把自己的事情用语言表达出来。这样的孩子需要朋友，即使有一个朋友也可以，所以要放开他的手脚，不要采取过度保护的办法，如果能由他自己找到合适的朋友，那是最理想的了。

第三节　创造挫折情境，对孩子进行挫折训练

如果父母认为挫折教育就是向孩子展示世事艰辛复杂困难的一面，或者认为挫折教育就是“逆境锻炼”、“苦难教育”，告诉孩子生活不是一帆风顺的，只有经过逆境、苦难和坎坷的洗礼才能成为成功的人，那就错了。

我们都知道要培养孩子的 IQ（智商，Intelligence Quotient）和 EQ（情商，Emotional Quotient），但很少有人知道孩子在生活中也需要 AQ。AQ 是 Adversity Quotient 的英文简称，在我国一般被翻译为挫折商、逆境商或逆境商数等。它是由美国心理学者保罗・史托兹在 1997 年首次正式提出的，用来指人们在逆境中或面对挫折产生的反应和处理能力。简单说来它就是承受和战胜挫折的能力。现在，AQ 越来越引起重视，一个人的成功必须具备高 IQ、高 EQ 和高 AQ 这三个因素，在 IQ 和 EQ 差不多的情况下，AQ 对一个人的人格完善和人生成功起着决定性作用。

因此，挫折教育教给孩子的不是挫折，而是要教给孩子面对挫折的勇气和积极的态度，承受挫折的能力，避免和减少不必要的伤害以及解决问题、战胜困难的方法。

正如法国思想家卢梭在《爱弥尔》中所说的那样：“人们只想到怎样保护他们的孩子，这是不够的。应该教他成人后怎样保护自己，教他怎样受得住命运的打击，教他不要把豪华和贫困看在眼里，教他在必要的时候，在冰岛的冰天雪地里或者马耳他岛的灼热的岩石上也能够生活。你劳心费力地想使他不致死去，那是枉然，他终究是要死的……所以问题不在于防他死去，而在于教他如何生活。”

人的一生总会碰到不少挫折和失败，家长应注意培养孩子坚韧的性格。

很多人主张在日常生活中创设挫折情境来对孩子进行教育，用不着兴师动众，在家就可以实施挫折教育。假日的郊游远足，适当的体育锻炼和体力劳动，都可以培养孩子的抗挫折能力。父母要做的只是捕捉教育契机，利用身边点滴小事对孩子进行挫折教育。

1. 发挥榜样作用，引导孩子正确对待挫折

孩子善于模仿，可塑性强，如果父母受挫惊慌失措的话，孩子是不可能沉着冷静的。因而父母应以身示教，时时处处做好孩子的榜样，在自己遇到挫折时，应积极应对，通过言传身教告诉孩子如何应对。父母还要注意把身边的好榜样及时介绍给孩子，使他们从鲜活的生活事例中受到教益，获得应对挫折的经验。

2. 善于与孩子沟通，共同战胜挫折

父母平常还应注意观察，当发现孩子遇到挫折时，首先要与孩子沟通，鼓励孩子倾诉，像朋友般耐心地倾听；然后帮助其正确归纳原因，分析为什么会受挫，怎样才能不受挫，引导他们敢于正视自己，客观地给自己合理定位，及时改变策略。

父母应以支持者的身份，帮助孩子重树信心，疏解受挫后的不良情绪，引导其体验或回忆成功的经历，从而使他们坦然地面对学习和生活中的成功与挫折，真正做到在顺境中不盲目得意，在逆境中不唉声叹气，形成坚强的意志、持之以恒的精神，提高抗挫折的能力。

3. 劳动和体育锻炼是最好的挫折教育途径

挫折教育的目的就是让孩子在现实生活中具有独立生存能力，所以，利用生活中自然产生的情境对孩子进行挫折教育，有着重要的现实意义。

父母应该让孩子从小就做自己力所能及的事情，从简单的吃饭穿衣开始，不包办代管，培养孩子的独立性。让孩子在适当的劳动或运动中感受

到“累”和“饿”，认识到只有坚持不懈才能完成任务达到目标，体会成功和失败不同的滋味，知道什么是自己能够做到的，什么是自己经过努力和学习之后才能做到的。

总而言之，父母可以从认知、情感、行为等多方面对孩子进行培养。在认知上，让孩子正确理解挫折，使孩子认识到挫折是客观存在的，而且是不可避免的；在情感上，让孩子切身体验挫折，消除孩子对挫折的害怕心理；在行为上，教会孩子掌握战胜挫折的有效方法，从而使孩子成为一个真正勇敢、坚强的人。

第四节 引导孩子正确宣泄不良情绪

人人都难免有不良情绪，孩子更是如此。父母应教会孩子理解体验不良情绪，找出宣泄情绪——消气的方法，懂得保持愉快心情的重要。孩子逐步学会怎样更好地宣泄情绪，就能及时调整自己的情绪，始终让自己保持愉快、轻松的心情，快乐地生活。

当然，孩子情绪宣泄教育指导并不是一天两天能完成的，应渗透于孩子每日生活的各个环节中，时时处处关注孩子的反应。下面，就为家长提供几种引导孩子宣泄情绪的方法。

1. 提供适当的玩具，让孩子们在游戏中得到宣泄

对于年龄较小的孩子，他们的语言表达能力较弱，不能非常清楚地表达出自己的想法与情绪，成人有时也很难理解，对于这样的孩子，玩适当的玩具是其宣泄情绪的最好方式。

例如海洋球具有鲜艳的颜色，孩子通过敲击海洋球，可以宣泄愤怒和挫败的情绪。同时，敲击球所制造的声音能够让孩子格外兴奋，球的掉落和滚动又吸引着孩子去追踪从而转移了孩子的关注点，在整个过程中孩子

会变得快乐起来。游戏时，孩子兴奋地用手抓这个又抓那个球，站起来，倒下去，玩得不亦乐乎，全然不记得刚才不愉快的事情了。

2. 进行暂时隔离，重在自我发现

幼儿园吃饭的时间快到了，周老师要开始给小朋友分碗了。平时周老师分碗都有值日生帮忙的，今天是于伊东做值日生，可他很拖拉，手也没有洗，衣服也还没有塞好，于是周老师就请了另外一位小朋友帮忙。于伊东一见急了，想赶快洗好手去做值日生，可是裤子这个时候不听话，总是穿不好，眼看碗都快分好了，可于伊东还没有穿好，就急匆匆地跑进教室一把夺过别的小朋友手里的碗，“砰”一声摔在地上，没等老师走过去，他就委屈得“哇”的一声哭了起来，嘴里不停地喊着：“今天是我值日！”

可见，当孩子的需要得不到满足时就会发脾气，发脾气也是一种情感宣泄。而成人为了让孩子不发脾气或生怕孩子的心灵受到伤害则一味迁就。显然，这是不行的。因为这样做，有意无意地起到强化孩子无理取闹的作用，使孩子的不合理要求越来越高，发展到严重时，稍遇不顺心的事就会出现呼喊、脚踢、打滚等暴怒现象。由于家庭教育的缺陷，孩子形成的不良的表达情绪的方式方法会逐渐表现出来。

当孩子在情感宣泄时，我们不要惊慌失措，也不能怒火万丈，更不能“火上添油”，而应该冷静对待。孩子的情感宣泄，就像六月里的雷阵雨，一阵狂泄之后，就会云开日出，经过一阵宣泄、撒泼，孩子紧张、焦虑、不平的心理，就会逐渐得到缓解，重又趋于平衡，恢复到正常的状态。对此，可以采取“暂时隔离法”，以使孩子的情绪更快地平静下来。

在孩子发脾气的时候不去理会他，等孩子安静下来的时候，与他谈心，并对孩子宣泄行为进行必要的引导，教会他用恰当的方法来宣泄。这样，孩子以后不仅能正常处理自己的情绪，也能正确地用适当的方法宣泄情绪。

3. 给予孩子宣泄的机会，并进行情绪疏导

孩子的攻击性行为较为普遍，如果排除其他原因，则可把某一些攻击性行为归结为是情绪宣泄的一种表现，当然这是不良的宣泄。那么这不良的宣泄又来源于何处呢？经过观察发现，孩子在其意愿没有得到实现或者显得无聊时，都会出现这种现象。这类孩子的脾气往往比较暴躁，而且一触即发。

一个小朋友个性强，喜欢玩皮球，可老是拍不好，每次失败后他就会显出一副悻悻然的样子，随后就顺势推一下、打一下身边的同伴转身就走，同伴霎时被无缘的一击给激怒了，于是难免引起一场纠纷。

遇到这种事，我们就应该对他进行情绪疏导，让他克服因情绪波动而产生的坏脾气。用“移情法”让他多想想：“如果你被哪个同伴突然欺侮会怎么想，怎么做？”让他设身处地体会到自己的错误，然后，再跟孩子一起讨论：“皮球老是拍不好怎么办？”这样，孩子冷静地想了，也能想出不少自我控制的办法。在不间断的疏导过程中，孩子会渐渐明白如何更好地控制自己的情绪，既提高认识水平，又能使孩子明白道理，分清是非，一旦正确的认识在他的大脑中形成，当内心滋生不满情绪时，孩子自己便能控制宣泄强度，长此以往，孩子的不良发泄方式将会有所改善。

4. 游戏能为宣泄内心的紧张和负面情绪提供机会

孩子生活在成人主宰的社会中，平时只有听从父母和老师的安排，他们很少有自由自主的时间和机会，他们生活得很被动，很压抑，也很紧张。而游戏则是松弛孩子紧张情绪的良好方式。平时我们发现有些男孩子特别喜欢玩橡皮泥，他们玩橡皮泥时那一系列的“挤、压、扭、捏”等动作，和最后一下将橡皮泥使劲地摔在桌子上的动作，都具有宣泄的功能；还有

“扔沙包游戏”、“扔纸球游戏”里的“扔”，以及用力地捶打羊角球等；有的孩子有时反复地搭积木，然后又用力地把它推倒；在玩娃娃家游戏时，有的孩子喜欢把布娃娃的裤子拉下来，然后狠狠地打它的屁股，并且一面打一面口中念念有词……在这些“宣泄游戏”中，孩子把在现实中对某些人、事的不满情绪发泄到沙包等物体上去。又如，在玩医院游戏时，许多孩子很喜欢玩“打针游戏”，这是孩子将在医院打针时所受的痛苦发泄到被打针的对象——布娃娃身上去。如果我们平时注意观察的话，就可以发现，孩子经过一系列游戏活动中的“发泄”行为之后，脸上总会露出一种满足和痛快的表情。

所以我们平时要注意创造一定的条件，让孩子在游戏中有发泄的机会，并且对孩子在游戏中无意表现出来的一些具有宣泄意义的行为，即使有一定的破坏性，我们也应多一份谅解和接纳，并且要意识到孩子正处在心理的紧张状态，进而通过各种方式，努力让孩子走出当前的心理紧张状态，千万不可因孩子的“宣泄行为”带有一定的破坏性而惩罚他，否则将会使得孩子处于更加紧张的心理状态之中。培养孩子多方面的兴趣，鼓励他积极主动地投入各种活动，广泛地与他人特别是同龄孩子交往，是让孩子学会积极的情绪宣泄的又一种有效方法。尤其要教育孩子在出现不良情绪时，不能将自己长时间地束缚在引起自己不满的地方或活动中，要让他学习运用转移的方式消除不良情绪，真正懂得在遇到挫折或冲突时，不能将自己的思想陷入引起冲突或挫折的情绪之中，而应该尽快地摆脱这种情境，投入到自己感兴趣的其他活动中去。

第五节　培养孩子坚强的意志力

要培养孩子坚强的意志力，父母可以从以下几点入手：

1. 鼓励孩子大胆地说话

一些内向软弱的孩子不喜欢过多地说话，对这种孩子，父母应尽量少讲“你必须这样或那样做”之类的话，而应多讲“你看怎样办”、“你的想法是什么”之类的话，给孩子一个独立思考并发表自己意见的机会。

2. 鼓励内向孩子克服恐惧感

有些内向的孩子只习惯于同自己熟识的人待在一起，与社会上的人打交道时会产生一种内心的恐惧感。所以，在孩子小时就要培养他们为人处世的能力。

孩子在成长过程中都会产生恐惧感 。那么如何帮助孩子克服呢?

面对一些现象或环境，孩子有恐惧感时，父母不该嘲笑或处罚他。如果孩子害怕一个人在房间里关着灯睡觉，可在他床头上装一个灯的开关，让他掌握或明或暗的主动权，帮助消除恐惧感，增强信心。

3. 支持软弱孩子大胆地去做事

父母教育孩子，一是在孩子未成熟期加以保护，这种保护应随着孩子的发育成长而越来越少；二是促使孩子能够单独生活，增强适应社会的能力，这种能力应随着孩子的成长越来越强。千万不要凡事包办，养成孩子胆小怕事的依赖心理。所以父母应支持孩子放开手脚、独立行事。

个意志力坚强的人表现为自我控制能力强、遇挫折不气馁、有控制力、坚持性高、做事果断；而一个意志力薄弱的人常表现为控制力差、容易放弃、不肯坚持、做事犹豫。意志力与成绩的获得有密切关系，大凡优秀的人或取得好成绩的人都具有坚强的意志力。

意志力主要表现在克服困难达成预定目的的行动上，例如：孩子学骑车时，反复练习直到学会，即使摔了也不轻易放弃；与妈妈一起外出，坚持自己走很长的路而不让妈妈抱；入学后在玩和做作业两者间作出选择时，能果断地决定先完成作业而后玩；做作业，对一时解答不出的题目仍想方设法解出答案。

意志力的发生、发展以大脑皮质的成熟为基础，其强弱在很大程度上需要后天的培养。对于婴幼儿，例如在开始学走路时，家长不要因为孩子一摔跤就抱，而是应鼓励孩子自己爬起来继续行走。

在孩子发展的不同时期，家长可以根据其特点采取不同的方法培养意志力。在婴儿时期，注意在婴儿的动作发育中（如抓握、拿东西、爬的时候）培养意志力；在幼儿时期，注意培养孩子的自控能力，此时孩子能够运用语言，在行动的时候往往是边做边自言自语，可以在行动中用简单的语言支配自己的行为，所以家长应对孩子提出明确的要求，经常告诉他应做什么、不可以做什么，发展孩子的语言控制能力；在与其他小朋友玩时，告诉他游戏规则并让他与小朋友和睦相处，以此培养孩子的忍耐、自制、坚持等品质。

第六节 鼓励孩子不断挑战自我

与美国的教育思想相比，中国一些家庭教育的基本方针是保护、灌输、训导，有着过度保护的倾向。一个具有代表性的例子是：

在美国，很多孩子喜欢玩滑板游戏。在街道两旁、广场的水泥路面上，常常有孩子冲来撞去，在几尺高的台阶上跃上跃下，令人不禁为他们的安全担心。

在中国，玩滑板的孩子很少。究其原因，玩滑板具有一定的危险性，而许多中国父母认为这种游戏太危险，不鼓励孩子去玩。

父母们的这种做法对孩子影响很大，使孩子本来就对这种运动抱有的畏难情绪得到加强，因而更有理由退缩。有很多父母不敢让孩子去冒险，所以孩子的好奇心容易被扼杀，孩子的问题容易无果而终。父母应该知道，孩子的问题应该由孩子自己去实践、去解决，而有些父母却总是担心这个过程会让孩子受到伤害。殊不知，这种对身体的过度保护所带给孩子的性格上的胆怯缺陷，其实比一些不严重的外伤更具有损伤性，这对孩子性格上的伤害将是终生的。

事实上，许多体育运动都具有培养孩子勇气、信心及冒险精神的特征，鼓励孩子勇于挑战自我，无疑对孩子的将来具有很大的益处。

现实生活中，孩子们能否从容应对各种考验？在面临困境一筹莫展时，能否挑战自己的脆弱？在失意孤独时，能否挑战自我的消沉？在种种诱惑面前，能否挑战自己的贪心？在面对各种感情纠葛、容易感情用事时，能否挑战自我的冲动？

一个从不想或不主动挑战自我的人，一个只知道“跟着感觉走”的人，很难去征服世界，很难创造辉煌的人生。看看那些成功者，父母们不难发现，他们不仅是征服世界的高手，更是挑战自我的典范。

美国知名篮球教练伍登曾让加州大学洛杉矶分校篮球队在九年内赢得了八次全国总冠军，他的成功来源于积极的挑战自我。每天睡觉前，伍登都会对自己说：“我今天表现得非常好，明天还要努力，表现得比今天更好！”

有人问他：“为什么你看事物的角度总是不同于一般人？”

伍登微笑着说：“因为我看到的是我‘内心的风景’。”

事实上，伍登用挑战自我的力量，激发出了生命的潜能。

每个人都不可能是完人，难免会有各种各样的缺点和毛病，尤其对成长中的孩子来说，更容易犯各种各样的错误。所以父母要鼓励孩子挑战自我，挑战自己就是直面自己、解剖自己，就是磨炼自己。

当孩子在不断的训练下，做出一些比较大胆的事情时，父母应该不断鼓励、称赞孩子，让孩子感受到挑战自我而获胜的乐趣，让孩子从内心勇敢起来。这样，孩子就会越来越胆大，越来越勇敢，意志力也会越来越坚强。

“哈佛女孩”刘亦婷的父母希望女儿能够有坚强的意志承受极限的考验，在刘亦婷十岁的时候，爸爸对她进行了一次残酷的训练，让她来挑战自我——捏冰一刻钟！

以下是刘亦婷记录此事的日记：

嘿！告诉你吧，昨天晚上，我和我爸爸打了一个赌，结果呀，嘿，我赢了一本书呢！

事情是这样的：

晚上，爸爸从冰箱里取出一块冰，这块冰比一个一号电池还大呢。爸爸说：“婷婷，你能把这块冰捏15分钟吗？你办到了，我就给你一本书。”

我说：“怎么不行，我们来打个赌吧！如果我捏到了15分钟，那你就得给我买书哦。”爸爸满口答应了。

爸爸拿着秒表，喊了一声“预备，起”，我就把冰往手里一放，开始捏冰了。第1分钟，感觉还可以；第2分钟，就觉得刺骨的疼痛，我急忙拿起一个药瓶看上面的说明，转移我的注意力；到了第3分钟，骨头疼得钻心，像有千万根冰在上面刺似的，我就用大声读说明书来克服；到了第4分钟，我感觉骨头都要被冰冻僵、冻裂了，这时我使劲咬住嘴唇，让痛感转移到嘴上去，心里想着“忍住，忍住”；第5分钟，我的手变青了，也不那么痛了；第7分钟，手不痛了，只觉得冰冰的，有些麻木；第8分钟，我的手就完全麻木了……当爸爸跟我说“15分钟到了”的时候，我高兴地跳着欢呼起来：“万岁！万岁！我赢了！我赢了！”可我的手，却变成了紫红色，摸什么都觉得很烫。爸爸急忙打来自来水给我冲手。

我一边冲，一边对爸爸说：“爸爸你真倒霉啊！”爸爸却说：“我一点儿也不倒霉，你有这么强的意志力，我们只有高兴的份儿！”

这，就是我赢书的经过。你看，多不容易呀！

父母如能教会孩子挑战自我，无疑等于给了他们智慧与胆量，给了他们能力。孩子懂得挑战自我，就能够促进自我完善，使他们赢得一种内在的力量，从而推动人生走向成功。正如美国作家爱默生所说：“我们最强的对手不一定是别人，而可能是自己。”要让孩子的人生更有价值，就应该让他们切记：挑战自我！

第十一章　提高孩子的竞争力

众所周知，领导者的位置不是轻易得来的，要想成为一个团体、一个企业甚至一个城市的领导者，必将参与一轮又一轮的激烈竞争，这时，竞争能力的重要性就凸显出来了。培养孩子领导力，家长就要教导孩子学会与他人进行良性竞争，并在这一过程中完善自我，这样即使经历几次失败，孩子也总有一天会从竞争中脱颖而出的。

第一节 帮助孩子从小树立理想

孩子长大了要干什么？能干什么？许多家长和孩子并没有认真思考。没有理想，人生迷茫，许多孩子从小没有奋斗的目标，长大成人后，才开始考虑人生，仓促培养就业技能，为时已晚。

社会在高速发展，很多家长却忽视了对孩子的理想教育和职业发展的指导，无形中将整个民族的幼稚年龄延长了好几年，甚至还视其为自然、正常，以为没有理想的自我发展是尊重孩子的个性。这种没有人生目标的教育正大行其道，这真是教育的悲哀。

从小就开始人生规划，设立人生目标，家长和孩子可以及时找出差距，调整学习内容，培养相应的能力，有意识地为孩子的未来作准备，这样孩子才能在教育资源有限、生存竞争日趋激烈的社会上保有立足之地，拥有美好的人生。

无论身居何地的家长，其实多少都想过这个问题。只是，很多家长并没有真正深入、细致地和孩子一起研究过这个问题。很多人也从来没有考虑过，应该如何与孩子一起，共同规划未来，设计人生；应该如何用科学、理性的思想方法引导孩子，并且和他一起，把基础教育的成果引向明确的人生理想、职业目标。

在中国，由于高考的压力，学生和家长一起跟着高考指挥棒转，家家户户只求拼过高考，届时凭着分数在几天时间内临时选择专业，把孩子送进大学，糊里糊涂地塞进一个专业，糊里糊涂地锁定他们的人生，哪里谈得上什么人生设计。

美国是个特别崇尚自由独立人格的国家，很多人忌讳干涉孩子的个人爱好，更不用说包办他们的前途。而在国内，不少“西化”了的家长，放

着孩子的前途不管，没有从小引导孩子思考职业和就业的问题，任由孩子自由发展，感到这就是在实践先进的美国教育理念，以为这就是美国教育的精髓——尊重孩子的兴趣和爱好，让孩子自由发展。

实际上，这种没有人生理想，没有职业意识，没有职业目标的教育，完全不是美国教育所提倡的。这种教育害了很多孩子，使孩子在宝贵的童年、少年时代，白白错失了可能塑造辉煌一生的机会。

也有一些父母会让孩子从小确定人生的目标，树立远大的志向，借以磨炼意志，奋发向上。但是，能够定下自己的目标，并按志向一生走下去的人毕竟是少数。这时候，父母的鼓励就非常重要了，当父母鼓励孩子坚持自己的志向时，实际上也是在鼓励孩子提高自己的意志力。

对于孩子来说，父母的提醒和鼓励往往是他坚持下去的动力，缺少父母的鼓励，孩子的放弃也就成了理所当然的事情。

一般说来，人的志向和理想一旦确立，就不要轻易改变，虽然人有时也要根据社会的发展和现实需要修正自己的志向和理想，但大方向和大目标是不会变的。如果今天自己定下一个奋斗目标，明天又给自己确定另一个目标，总是朝三暮四，见异思迁，这样的人最终也不会成功。正如王安石所说："夫夷以近，则游者众；险以远，则至者少。而世之奇伟、瑰怪、非常之观，常在于险远，而人之所罕至焉，故非有志者不能至也。"这句话说的就是这个道理。因此，一旦树立了志向，父母一定要鼓励孩子坚持自己的志向，千万不可轻易改变。

心理学研究发现：凡是做事矢志不移的人，都有两种心理因素作支柱，一是有远大的目标，二是有坚强的意志。无目标，没有动力；无意志力，往往做事半途而废。让我们记住孙中山先生的一句话："吾志所向，一往无前；愈挫愈奋，再接再励。"

张女士的儿子今年上初二，成绩不好，其他方面也表现平平，他贪图享乐，虽然也觉得看电视、玩游戏会玩物丧志，可是总抵挡不了诱惑。他经常流露出对未来的迷茫，没有同龄人应有的朝气和活力。有一次，老师让写作文《我的理想》，他竟然不知道怎么写。为此，张女士很苦恼。

理想，就是人生道路上的奋斗目标。科学、崇高的人生理想，揭示出人生奋斗的正确目标和方向，它是人们不断进取的动力，是人生的指明灯。有人说过这样一句话：如果你不知道航行旅程的终点，那么任何方向的风对你来说都是逆风。那么，作为父母，该如何科学地帮助孩子树立远大的理想，又不被孩子嫌“落伍”呢？

1. 倾听孩子内心的声音

孩子不知道自己的理想是什么，这似乎有点不可思议，然而社会上不乏此现象存在。这不仅仅是孩子个人成长的问题，更是一个重要的社会问题。不少家长苦恼于孩子对未来的茫然，根本原因在于家长没有真正了解孩子。没有理想的人，就没有目标，没有奋起直追的持久动力。很多家长一心希望孩子按照自己的意愿去走人生之路，完全忽视孩子自己的想法，这是很不可取的。家长要帮助孩子树立理想，首先要真正了解孩子。家长平时应多与孩子进行情感交流，倾听孩子内心的声音，了解孩子真正感兴趣的是什么，尽可能地尊重孩子的意愿和选择。

2. 认真观察，因势利导

作为家长要对孩子的理想特点有所了解：第一，不少孩子会以身边或媒体宣传的自己敬重的人所做之事作为理想；第二，与兴趣、爱好、特长相关，比如爱好唱歌的希望将来当歌唱家，喜欢跳舞的希望当舞蹈家，喜欢画画的希望自己成为画家；第三，孩子年少，思想不够成熟，所以追求

的目标往往不够稳定，今天喜欢唱歌，明天喜欢跳舞，今天喜欢画画，明天喜欢足球……正所谓“少年多志，理想多变”。

家长要了解孩子的实际情况，对于孩子兴趣爱好，只要是正当的都应该予以鼓励和支持，并且要善于因势利导，根据孩子的兴趣爱好和特长，有意识地激发孩子理想的火花。当兴趣爱好和志向一致时就会形成孩子的终身奋斗目标——理想。这里家长切忌人云亦云，一手包办、什么热门就把孩子往那条路上赶的误区。另外，孩子由于涉世未深，一方面憧憬着美好的理想，另一方面对于在实现理想过程中可能遭受的困难估计不足，对于为实现理想要付出的努力，付出的代价，认识是不足的，思想准备是不充分的。对于这一点家长要进行很好的引导。首先家长要告诉孩子，理想不是空想，是需要经过努力的奋斗、持之以恒的学习才能实现。家长要告诉孩子，为实现理想努力应脚踏实地，从现在做起，从小事做起。不肯做小事的人，难以成就大事业。其次，要告诉孩子，理想的实现不会一帆风顺，会遇到各种各样意想不到的困难和挫折，只有以一种坚忍不拔的精神去面对困难和挫折，以顽强的毅力去冲破艰难和险阻，才会到达理想的彼岸。成功，往往在再坚持一下的努力之中。

作为父母，应在日常生活中认真观察孩子的兴趣所在，因势利导，及时为孩子播下理想的种子，并将孩子的理想目标细分为若干个小目标。孩子每达到一个小目标，或者每取得一点进步，父母都应及时鼓励。制定孩子的个人计划时，父母必须尊重孩子的选择、得到孩子的同意，不可盲目地全凭自己的喜好一股脑儿地包办。父母和孩子一起拟订一个大的计划，然后具体到年度到季度甚至到周，结合实际，主次分明地选择学习项目，合理安排学习时间。父母还可以参照教师的教案帮助孩子逐步完成整个计划。当孩子遇到挫折时，父母应适时提供帮助，帮孩子克服前进道路上的困难。这样，即使孩子最终没有达到理想目标，也体验到了为理想奋斗的乐趣，他的人生也会因此而丰富多彩。

3. 引导孩子多读名人传记

为了帮孩子树立理想，家长可以多给孩子讲一些名人成才的故事，引导孩子多读一些名人传记，并撰写心得体会，让孩子汲取名人的精神力量，渐渐树立自己的理想，并为之奋斗。

教育家陶行知先生说过："给你一座高山，自己去攀登，而你要做的就是坚持下去。"家长可以告诉孩子，永远有一个坚定的目标并且持之以恒地努力下去，成功就不会太遥远。

4. 帮孩子寻找生活的真谛

孩子的世界观、人生观、价值观还没有完全建立起来，要清晰地阐述自己的理想绝非易事。国外有一个关于孩子理想的调查，一个小女孩说长大了要生一群孩子，一个小男孩说要有一个农场。在我们看来，这两个孩子实在没什么远大理想。然而，小女孩的家长告诉她，要做个好妈妈，就应该从现在开始学习什么，怎样为自己的孩子做榜样；小男孩的家长则带着他到了农场，熟悉农场的作物，了解农作物的特征……这种看似寻常却颇含深意的引导非常值得我们借鉴和学习。

对于家长来说，首要问题并非是去帮助孩子树立理想，而是帮助孩子认识社会、感受生活。孩子对社会的认识深刻了、对生活的感受丰富了，自然就会有自己的理想和人生目标。等孩子有了独立的思维，他就会发现自己真正想要的东西，并会为之而奋斗。对父母而言，帮孩子寻找生活的真谛，就是教给孩子如何树立理想。至于孩子的具体理想，相信孩子会给我们一个惊喜。

首先，父母必须培养孩子的独立生活能力，多让孩子参加社会团体的益智活动、公益活动，让孩子适应社会生活。经济上适当地制约，激发孩子的奋斗意志，从而奋发向上，矢志不移。

其次，正确引导孩子培养学习兴趣，养成良好生活习惯和学习习惯。教育家皮亚杰说过：所有智力方面的工作都要依赖于兴趣。因此在学习上，我们不可以用父母的权威强迫孩子去学习这个或者那个。要知道强迫学习的东西是不会保存在心里的，显而易见达不到所要的效果。既如此我们应该循循诱导孩子，培养孩子的学习兴趣。良好的学习和生活习惯是最终成功的核心。孩子需要管教和指导这是真的，但是如果他无时无刻和处处事事都在被管教和指导，是不大可能学会自制和自我指导的。为此父母需采用些小技巧，培养孩子的自我学习习惯和自我管理的生活习惯。

再次，父母应根据孩子的个人情况为孩子"量身"定制个人计划和完成计划的方法。

最后，父母在帮助孩子树立理想的同时，不可一味地追求结果，忽略过程，应从德、智、体、美全方面去培养孩子。

第二节　善于发现孩子的进步

发现并赏识孩子的进步，不仅影响到孩子学习和做事的效果，而且还会影响到孩子为人和处事的态度。有时候，发现孩子的一个闪光点，将它放大，它就能照亮孩子的一生。

这是一名小学生写在自己空间里的日记。"有一件事，我想不明白，我到底是进步了还是退步了。这次月考，我在班上排名12，年级排名68，进入了前100名，总的来说，我应该是进步了。因为上学期期末，我在班上的名次是25，年级名次是152，在努力中，我这学期进步了。可是，今天下午，我回到家，并没有得到爸爸的鼓励，而是被他狠狠地训了一顿：'我像你这么大的时候，想上学还没条件呢！可我们为你创造这么好的条件，你就这么来回报我们？你看看×××，人家为什么能考第一？你真让我们失望……’爸爸的话像刀子一样，让我觉得心好痛，我明明比以前进步，为什么就不能鼓励我一下呢……”

如果父母无视孩子的进步，仅仅因为孩子没有达到“最佳”或自己心目中理想的标准，就全盘抹杀孩子的成绩，这是对孩子的一种伤害。也许在无意中，会因为父母过高的期望而葬送掉一个未来的科学家或艺术家。孩子在学习或者生活中总会有一些让父母不满意的地方——成绩没有别人好，做事没有别人快，脑筋没有别人聪明。但是，孩子一直都在进步，这才是最重要的。

一位教育家说：欣赏是孩子进步的动力。可是，很多父母看孩子的成绩时，一般会先留意到较突出的地方——错误，而忽略较顺眼的部分——正确的地方。这个自然倾向，使得很多父母错过无数机会，去欣赏孩子的每一个进步，帮助他建立自信。

一个小男孩身材弱小，其貌不扬，在学校经常与同学闹矛盾，在课堂上随意插嘴，故意钻牛角尖和老师作对，是一个让人头疼的学生。他的作业字迹潦草，尤其是写作文，他更是应付了事，胡乱写几句交差，成绩可想而知。老师曾多次严厉批评警告，也向家长反映了几次，可是无济于事，他依然我行我素。

一次，他第一次写了一篇完整的作文《我的理想》，虽然写得一般，但他却写出了自己的理想——当一名保卫人民安全的警察，还用上了一些好词佳句。尽管这些好词佳句都是从书上摘抄的，但至少说明这个孩子想把作文写得好一些，才会去摘抄书上

的东西。他妈妈看到了孩子的作文，眼里泛着欣喜的泪光，告诉孩子，这是她最喜欢的一篇作文，接着，妈妈用红色的笔将儿子作文中那些优美的句子画上波浪线，并充满感情地一遍一遍地读孩子的作文。孩子哭了，是偷偷地哭，没有让妈妈看到。孩子暗暗发誓，一定要写出一篇真正属于自己的作文，让妈妈为自己骄傲。接下来的日子，孩子每次作文都写得很认真，以前胡乱写几句就应付交差的现象再也没有发生过。而且，他整个人就像变了一个人似的，面貌焕然一新。他与同学和睦相处，说话也温和了，稳重了，同学开始喜欢他；课堂上，他不再钻牛角尖，不再随意乱插嘴，而是积极思考，回答问题时也很有见地；作业认真了，字迹工整了，学习成绩在稳步上升，数学、英语等学科的表现也令人刮目相看。而且，他还在报纸上发表了自己的作文！他的变化让人们几乎不敢相信，但却是事实。

这个故事是耐人寻味的，原来孩子的点滴进步，父母只要真正用心去赏识，竟然可以发挥这么大的作用！有这样一段很精彩的话：“假如你的孩子不能成长为参天大树，那就让他做一棵默默无闻的小草吧，他一样可以给你带来春天的美丽；假如你的孩子不能成为一片汪洋，那就让他做一朵最小的浪花吧，他同样可以带给你跳动的喜悦；假如你的孩子不能成为一位名人，那就让他做一个平凡的人，无论是地地道道的农民，或是普普通通的工人，也无论是一名军人还是一位商人，只要他诚实、正直、善良、上进，为父母者都应感到骄傲，因为他们培养出来的孩子是一个对社会有用的人，这就足够了。”成功培养孩子学习的信心与兴趣，方法其实很简单：多花一点力气，把孩子点滴的进步找出来，并且认真地表示欣赏！

父母应该做到以下几点：

1. 要善于发现孩子的“闪光点”

每个孩子都有一定的长处，也都有他的短处。作为家长，在生活当中要注意并善于发现孩子的优点和点滴的进步，并不失时机地给予肯定和表扬。孩子认为自己有优点，也能取得一定的成绩，便会增强取得更大、更好成绩的信心和希望了。

2. 不要贬低孩子

有些家长爱用大人或“神童”的标准去要求孩子，达不到要求就以侮辱性的语言讽刺、嘲笑孩子，数落他的短处，故意贬低孩子。经常受到这种斥责的孩子往往自信心受到强烈冲击，时间久了，就会在不知不觉当中接受家长的暗示，承认自己的素质差，慢慢地就失去了信心。因此，要帮助孩子进步，家长首先要改变对孩子的看法，要用家长的信心去鼓舞孩子。

3. 不要滥贴“标签”

不管孩子表现如何，家长都不能随便作出“没有出息”之类的负面判断，也不能任意给孩子贴上“窝囊废”之类的灰色标签。因为这非但起不到教育的作用，还会使孩子形成错误的自我认识，孩子的自尊心也会受到伤害，对孩子的健康成长十分不利。

4. 要满足和引导孩子的表现欲

自我表现欲是青少年时期最主要的欲望之一。当孩子的自我表现欲受到压抑时，就会产生自卑感。但不要单纯抽象地用貌美、聪明、学习成绩好等来展现孩子的自我表现欲，而要尽可能地在具体的不同层次的其他孩子身上让自己的孩子看到自己特有的优势，从而满足其自我表现欲。

5. 要重视孩子每次成功的经验

要教育孩子重视自己每一次的成功经验。成功的经验越多，孩子的自信心也就越强。平时要注意教导孩子无论做什么事情都要量力而行，不可好高骛远，以免挫伤成功的积极性。

6. 要注意扬长避短

要让孩子知道，只要付出，就会有收获；付出得越多，收获得就越多。同时要让孩子明白，在生活当中具有多种才华和非凡能力的人只是少数，人各有所长，又各有所短，要学会扬长避短。

第三节 勤奋的孩子好成才

勤奋会使有天赋的人才能更出众，平凡人也能通过勤奋弥补缺陷。虽然勤奋不等于成功，但要获得成功则必须勤奋。

任何人做任何事都离不开勤奋。勤奋是获取成功的最主要的因素，是通往成功的必经之路。因为勤奋，安徒生从一个鞋匠的儿子变成了童话之王；因为勤奋，爱迪生才有了上千种伟大的发明；因为勤奋，爱因斯坦才得以创立震惊世界的相对论；因为勤奋，中国古代先贤才给我们留下了“悬梁刺股”、“凿壁偷光”、“囊萤映雪”的千古美谈。

爱因斯坦说：“在天才与勤奋之间，我毫不迟疑地选择勤奋，她几乎是世界上一切成就的催产婆。”事实上，一个勤奋的人，他能够取得的成就必然比其他人要多。因此，父母一定要注重从小培养孩子勤奋的美德。

现在的孩子绝大部分是独生子女，因而在家庭里的地位十分重要，被父母视为“掌上明珠”、“心肝宝贝”。不少父母对孩子过分溺爱、百般迁就，久而久之，使孩子养成不良的行为习惯，使孩子心目中只有自己，逐步滋长自私、任性、依赖和懒惰等坏的行为习惯。

坚定、持久、勤奋是学习所必备的优良品质，勤奋则是其中最重要的品质。勤奋是成就任何事业的必备条件之一。

勤奋是成才的钥匙，是成才的第一推动力。具备了勤奋这种可贵的品质，孩子就会自强不息，顽强奋斗，就等于成功了一半。所以，父母一定要纠正孩子身上懒惰的恶习，从小开始培养孩子勤奋的美德。

懒惰的孩子不是生下来就如此，而是后天逐渐养成的。使孩子变得懒惰的因素是多方面的，父母应该根据孩子的情况进行有针对性的教育。

培养孩子的勤奋美德，专家建议父母从以下几个方面入手：

1. 培养孩子勤奋的学习习惯

白冰冰是一个勤奋的女孩，她最看不起那些守株待兔、凡事总想不劳而获的人。在她小时候父母就用“头悬梁，锥刺股”的故事来教育她要勤奋学习。

上学以后，她每天早晨六点半起床，在庭院里早读半小时，七点钟吃完早饭去上课，中午十一点半放学回家，中午午睡一小时，晚上六点半就去上晚自习，一般都自习到十一点半才上床睡觉。她的饮食起居都很有规律，而且她始终保持着这样的规律。由于在教室里上自习，一方面有老师的辅导，另一方面大家在一块儿学习，也比较有气氛，所以，白冰冰每天晚上都坚持去学校上自习，即使有时候身体不舒服，她还是坚持去上自习。

有一次她患了重感冒，还伴有发烧，晚上她还要坚持去上自习。鉴于她身体的情况，父母不同意她去，但是她一副很洒脱的样子，说自己的感冒已经好多了，所以一定要去上自习。上完自习回来，上床休息之前，她还一再嘱咐妈妈第二天早晨六点半如果她还没有起床的话，务必叫她起床，因为自己还没有背书。这些小事情虽然琐碎，但是就是这样的小事才能真正体现出一个人刻苦勤奋的优良品质。

白冰冰后来成功地走进国内一所著名的大学，当别人问她成

功的秘诀时，她说："成功的取得更大程度上是取决于在实现理想过程中，谁付出的勤奋和汗水多一些，谁的毅力更强一些，谁坚持得更久一些。"

习惯决定孩子的命运。好习惯的养成不在一朝一夕，贵在长久坚持。孩子上课注意力不集中、对读书不感兴趣、观察事物粗心、记忆力差等情况，都是影响孩子形成良好学习习惯的因素。父母首先要引导孩子的好奇心，培养孩子的学习兴趣，创立有利于孩子学习的外部环境。还可以进行一些训练，让孩子养成勤奋、主动学习的习惯。

2. 赏识孩子的积极行为

郭丽妃是个非常热爱劳动的孩子。小时候妈妈带她去超市购物，她总会非常卖力地帮妈妈推购物车。到结账的时候，她若是站在购物车上，就会很忙碌地帮妈妈把车上的东西往收银台上放，然后心满意足地看着收银员继续下面的工作。每当这时候，妈妈总是夸她勤奋。

平日里，有个垃圾什么的，妈妈让她去扔，她也是非常乐意地跑到垃圾桶前，认真地扔进去，然后等妈妈给她鼓掌。在妈妈的称赞下，郭丽妃无论是在家还是在学校都表现得十分勤奋。

父母赏识孩子的勤奋行为，孩子就会变得更加勤奋。父母可抓住适当的时机，通过言辞，承认孩子的努力、耐力和勤奋。范围可从一句简单的"我喜欢你的努力"到对他所做的行为作出详尽的评论。父母要把完成一项任务和做好一项工作所确立的标准告诉孩子，比如打扫房间或完成功课等，然后以此来关注孩子勤奋的程度。

3. 培养孩子热爱劳动的习惯

星期天，松松起床后，在客厅百无聊赖地看着电视。这时候，妈妈抱着一大堆衣服出来洗，走到松松身边，妈妈说："松松，你也把你自己的衣服洗洗吧。"松松想了想，把考试期间积攒的所有脏衣服通通拿了出来，花了整整一上午把它们洗干净。

中午吃饭的时候，妈妈问松松："劳动的滋味怎么样？"松松眼珠一转，说："爽！"妈妈笑笑："那下午你就再干点活吧。"松松点了点头。下午，松松和妈妈一起把屋子彻彻底底地打扫了一遍。体验到了劳动的乐趣，从此，每到周末松松都会主动参加家务劳动。

孩子在家里跟其他成员一样，可以享受一定的权利，也应该履行一定的义务，切莫把孩子置于只享受权利、不履行义务的特殊地位。

父母应该注意培养孩子独立生活的能力，要教会孩子做一些力所能及的事情。父母还要为孩子规定合理的作息时间，让孩子生活得有规律。这样，对孩子来说，既培养了他们独立生活的能力，又养成了他们爱劳动的好习惯。

4. 父母不妨"懒"一点

苗惠芳有一个"懒"妈妈，"懒"妈妈教育孩子自有一套方法。从苗惠芳学走路开始，摔了跤，妈妈"懒"得扶，都是苗惠芳自己爬起来；吃饭"懒"得喂，让孩子自己拿勺子吃；上幼儿园"懒"得送，让孩子自己坐车去；上学了，路程很远，妈妈除了最初几次接送她外，就再没有接送过，全是苗惠芳自己安排学

习、娱乐、休息与生活，甚至连中饭也自己解决。

妈妈的“懒”和苗惠芳的勤奋、能干形成了鲜明的反差，以至于周围的熟人、邻居在佩服“懒”妈妈培养了一个勤奋、能干的好女儿的同时，纷纷向“懒”妈妈取经。

这里所谓的“懒”并不是真正的要父母懒，而是在孩子能做的事情上，父母不妨“偷懒”一下。孩子能做的就都让孩子自己去做，这样不仅有利于培养孩子勤奋的习惯，还能培养孩子的动手和自理能力。做个“懒”父母，放手让孩子自己成长，是一种高明的教子方法。

第四节　让孩子学会反思

有人说，能够反躬自省的人，就一定不是庸俗的人。

一个人之所以能够不断地进步，在于他能够不断地自我反省，找到自己的缺点或者做得不好的地方，然后不断改正，以追求完美的态度去做事，从而取得一个又一个的成功。

英国著名小说家狄更斯的作品是非常出色的。但是，他对自己却有一个规定，那就是没有认真检查过的内容，绝不轻易地读给公众听。每天，狄更斯会把写好的内容读一遍，去发现问题，然后不断改正，直到六个月后读给公众听。

与此相同的是，法国小说家巴尔扎克也会在写完小说后，花上一段时间不断修改，直到最后定稿。这一过程往往需要花费几个月甚至几年的时间。正是这种不断自我反省、自我修正的态度，让这两位作家取得了非凡的成就。

中国著名的学者曾子说："我每天多次自我反省：为别人办事是不是尽心竭力了？和朋友交往是不是做到诚实了？老师传授的学业是不是复习了？"孔子认为曾子能够继承自己的事业，所以特别注重传授学业于他。

一次，曾子对他的学生讲什么是勇敢，就直接引用孔子的话，他说："你喜欢勇敢吗？我曾听孔子说过什么是最大的勇敢：自我反省，正义不在自己一方，即使对方是普通百姓，我也不恐吓他们；自我反省，正义在自己一方，即使对方有千军万马，我也勇往直前。"

事实上，每个人在做事的时候都要持有自我反省、自我修正的态度，并以不断的追求去实现自己美好的愿望。一个善于自我反省的人，往往能够发现自己的优点和缺点，并能够扬长避短，发挥自己的最大潜能；而一个不善于自我反省的人，则会一次又一次地犯同一些错误，不能很好地发挥自己的能力。

有一位小伙子，大学毕业后进入一家非常普通的公司工作。公司安排新员工从基层做起。其他新员工都在抱怨："为什么让我们做这些无聊的工作？做这种平凡的工作会有什么希望呢？"这位小伙子却什么都没说，他每天都认认真真地去做每一件领导交给的工作，而且还帮助其他员工去做一些最基础、最累的工作。由于他的态度端正，做事情往往更快、更好。更难能可贵的是，小伙子是个非常有心的人，他对自己的工作有一个详细的记录，做什么事情出现问题，他都记录下来；然后，他就很虚心地去请教老员工，由于他的态度和人缘都很好，大家也非常乐于教

他。经过一年的磨炼，小伙子掌握了基层的全部工作要领，很快，他就被提拔为车间主任；又过了一年，他就成了部门的经理。而与他一起进去的其他员工，却还在基层抱怨着。

每个人都会做一些平凡的事情，包括平凡的工作。这时候，如果只抱怨他人或环境，就不可能认真去做这件事，也就不可能取得成功。如果一个人愿意把自己放在一个平凡的岗位上，以自我为改变的关键，不断反省自己，找到更好的方法，成功就一定等着他。教孩子学会自我反省也是这样。

自我反省是孩子成长的一个秘诀。一个不会自我反省的孩子永远也长不大。孩子通过反省及时修正错误，不断地调整精神信息系统接收信号的灵敏度和准确度，以确保信息系统不出现紊乱。学会自我反省的孩子，就等于掌握了自我完善和健康成长的秘方。父母一定要重视培养孩子自我反省的习惯。

那么，有什么好方法来培养孩子自我反省的习惯吗？

1. 让孩子学会接受批评

每一个人包括每一个孩子都喜欢受到表扬，而不喜欢受到批评。但是，一个人却应该学会坦然接受批评，这对于他的成长是有好处的。法国心理学家高顿教授通过一项专题研究证实，那些难以接受批评的孩子长大后，大多会对批评持“避而远之”或干脆“拒之门外”的态度。因此，父母应该让孩子在幼儿时期就学会接受批评，这不仅能够塑造孩子完整的人格，而且可以帮助孩子在其他方面取得成功。怎样让孩子学会接受批评呢？一些儿童教育专家为此提出以下建议：

第一，教育孩子不必对他人的批评大惊小怪。在教育孩子的过程中，我们提倡赏识教育，应该坚持以表扬为主，但是，对于孩子来说，只听到表扬是不利于他的成长的，父母应该有意识地肯定孩子好的一面，同时对孩子不好的一方面提出批评意见。当然，批评孩子的语气要温和，批评孩子的缺点应该中肯。父母还需要告诉孩子，在接受他人批评的时候要认真倾听，要持有平和的心态，有则改之，无则加勉。

第二，允许孩子作出解释。父母在批评孩子的时候不要太专制，应该允许孩子作出解释。有时候，父母的批评往往是根据自己的推断进行的，事实上，孩子确有原因去做一件事情，因此，父母如果允许孩子对事情作出解释，不仅可以更全面地了解事情的真相，而且可以引导孩子进行自我反省。比如，为什么他的行为会受到别人的不认可，是不是哪里做得不好等。当然，父母应该让孩子明确的是，允许他作出解释，并不是让他推卸责任。

第三，批评孩子时应该一视同仁。如果父母在批评孩子的时候有其他孩子在场，父母更应该注重维护孩子的自尊，不仅要讲究批评的方式和方法，而且对其他孩子的评价也要适当，不要过分夸张，让孩子产生不恰当的对比。父母该让孩子明白的是，对待批评，头脑应该冷静，不要过于冲动，但这并不表示应该默不做声，而是应该反省自己的行为是否有不恰当的地方。

2. 让孩子学会总结经验教训

总结经验教训事实上就是对自我行为的一种反省。例如，一个孩子用打架来解决与同学之间的矛盾，如果他在打架上吃了亏，他会想："上次我感到生气的时候是用打架来表达我的愤怒的，结果我被别人打了。那么下次发生这样的情况时，我该怎么办呢？我不用打架解决问题可以吗？是不是有更好的解决方法呢？"

当孩子直接感受到行动与结果之间有某种关系后，他们往往会先想一想再采取行动。孩子可能会对自己的行为有一个预先的评价，看是否会出现他预料的结果，如果结果正如他想的，那么他会继续这么做。如果结果与他想的不一样，孩子就会总结经验教训，调整自己的想法，这也是一个

人做事的一种反应机制。

这种时候，父母最好不要把自己的价值观强加给孩子，而是要善于引导孩子进行总结。例如，父母不要这样说："我早就跟你说过了，你就是不听，现在尝到苦头了吧？"或者说："不听老人言，吃亏在眼前，说的就是你这种人呀！"这种论调只会加强孩子的逆反心理。父母应该对孩子说："怎么会出现这种结果呢，你好好想一想，如果用妈妈跟你说的方法去做，结果会怎样呢？"或者说："有时候，你需要听听他人的意见，这样就会避免一些问题。"这种语气，孩子比较愿意接受一些。

如果孩子学会了经常总结经验和教训，他就已经学会自觉地进行反省，这对他的人生会有很大的帮助。

父母应该告诉孩子：任何时候要保持努力，不能放松；要时刻激励自己，要有目标，要有一颗积极的心；要时时提醒自己，反省自己。

第五节　嫉妒心理最可怕

现代社会，家长对子女的期望越来越高，孩子在竞争的环境里，学习压力越来越大。加上独生子女多有表现自我、突出自我的性格特点，竞争有时就会演变成嫉妒。孩子嫉妒的表现有：嫉才，嫉妒那些学习成绩比自己好的人；嫉能，嫉妒各方面能力比自己强的人；嫉美，嫉妒长相比自己漂亮的人；嫉德，嫉妒那些性格好、同学关系搞得好、朋友多的人，等等。总之，嫉妒心重的人，只要别人在某一方面超过了自己，就会产生嫉妒，就会千方百计抬高自己，想尽办法贬低和打击对方。

嫉妒对孩子的人际交往与成长危害极大，因嫉妒而陷害他人的人往往毁了自己。这样的例子古已有之。

战国时代，庞涓和孙膑一起投师鬼谷子学习兵法，算是同窗好友了。但庞涓非常嫉妒孙膑的军事才能，他当上了魏惠王的将军后，将孙膑骗到魏国，处以膑刑使孙膑终身残废。但后来庞涓也没有好结果，终被孙膑战败而死。

当孩子在与他人交往中流露出嫉妒思想时，家长不能忽视，要做正确指导。否则，嫉妒成为习惯，会误了孩子的一生。

和大人们一样，孩子也会嫉妒，而且他们的嫉妒心理往往更加强烈且奇特。当孩子发现别人那儿有自己想要的东西的时候，无论是相貌、玩具，还是老师的表扬，甚至是家长的关注，他们的内心就会有一种小小的嫉妒油然而生。怎样帮助孩子克服这种冲动呢?

由于家里还有个哥哥，九岁的虎虎总觉得爸爸妈妈不喜欢自己。无论是外出游玩、举办生日派对还是跟妈妈在一起的时候，他老是抱怨爸爸妈妈偏心。当妈妈解释自己花了很多时间和他一起玩，或者他做了哪些错事而哥哥却没有的时候，虎虎就撅着嘴说哥哥有的玩具自己却没有，或者强调哥哥曾经犯的错而自己却很乖。

很多孩子都有虎虎这样的心理，当他们看到别人有自己所没有的东西，包括衣服、能力、受欢迎程度和玩具等，甚至有些大人意想不到的东西都可能诱发他们的嫉妒心理。有些家长认为这种表现会随着孩子年龄的增长而自然消失，但专家指出，过分的嫉妒会影响孩子正常的心理发育，使他们在自己与别人的对比中感到自卑，妨碍孩子自信心和自尊心的建立，因此家长应该在孩子达到上学年龄之前教会他们如何克服这种情绪。下面就

让我们来学习如何帮助孩子减少嫉妒心理，以及当孩子的小脑瓜被嫉妒所占据的时候如何平复他们的情绪。

1. 注意孩子的暗示，并表示同情

孩子很难控制自己的情绪，但对于家长来说，观察孩子的行为方式、掌握孩子的情绪趋向却并不难。当孩子嫉妒心理爆发的时候，他们的行为经常会出现相应变化，比如搞破坏、哭泣或者说嫉妒对象的坏话等。有时候，嫉妒心理也会反映在孩子的心理和身体方面，如胃疼、难过、焦躁、情绪低落或者没有干劲。这时候，家长需要对孩子表示同情和理解，并帮孩子把他们的想法说出来。比如，爸爸带着五岁的女儿玩秋千，站在一边的三岁的儿子委屈地要哭，这时候妈妈就可以说：“看，爸爸一直陪着姐姐玩，把我们都冷落在一边了，这真不公平，对不对？”如果孩子表示同意，家长就可以告诉他这种感觉就叫做“嫉妒”——“我知道，你觉得嫉妒，是不是？不过这没什么的。”家长的理解可以安抚孩子的情绪，因为这种时候，孩子更需要的往往不是欲望的满足，而是家长耐心的倾听，以及对他们内心感受的肯定。

2. 让孩子知道大人也会嫉妒

显然，嫉妒是一种负面情绪，但作为家长我们有必要让孩子们了解，即使是他们尊敬的爸爸妈妈也会有嫉妒的感受。我们可以告诉孩子，当孩子和爸爸在一起亲亲热热的时候，妈妈也会嫉妒爸爸，但是妈妈不会因此而乱发脾气或者感到难过。或者举出自己小时候的故事，告诉孩子自己也有过同样的心情。比如，当孩子抱怨自己不能和哥哥一样参加跆拳道班的时候，妈妈就告诉他自己小时候也有过同样的经历，但是这种情绪是可以克服的。“知道吗？我上小学的时候，爸爸妈妈从来不准我在街上玩，但邻居家的姐姐却可以在外面一直跳皮筋到天黑！你说多不公平！”这个故事让孩子明白原来妈妈也嫉妒。随后妈妈可以告诉他，任何一个孩子都不可能得到和别人完全相同的待遇，因此必须学会接受。

3. 不要过分强调负面的东西

孩子会通过观察大人的做法来塑造自己的行为方式，因此当家长发觉孩子感到嫉妒的时候，在表示同情的同时，不要过多强调孩子的立场，更不要指责受到嫉妒的对象，否则不但会进一步刺激孩子的嫉妒情绪，还会导致孩子养成动辄归咎于他人的坏习惯。假如孩子发现自己的同桌被邀请参加同学的生日派对，而自己却没有被邀请，这时候家长绝不能指责那个过生日的孩子“不够意思”，而应该告诉孩子，爸爸妈妈理解他的委屈，但是别难过，每个人都有不同的朋友，他过生日的时候不是也不可能把自己认识的所有人都请来吗？这样，孩子就会理解并不是因为自己不受欢迎而未受邀请，也不会因此而记恨那个过生日的同学。

4. 帮助孩子找到一种可行的解决办法

感到嫉妒的孩子总是希望自己得到和他人同样的待遇，假如此时家长能够诱导孩子控制好自己的情绪，不但能够缓解嫉妒的心理，还有助于建立孩子的自信心和自尊心。假如孩子觉得球队一个队友比自己上场的时间长，家长们可以问他，如果他加强练习的话，情况会不会有所改变呢？这时，孩子会发现，虽然自己控制不了教练的选择，却可以控制自己的选择——通过练习提高自己的球技，上场的机会自然就多了。或者，当孩子对别人父母对子女所倾注的重视感到嫉妒的时候，家长应该采取行动消除孩子的误会。

五岁的美美因为妈妈错过了自己在学校演出中的表演而非常不满：“别人的妈妈都来了！”于是，妈妈就让美美在家里面给自己开了一个专场晚会。这样一来，美美明白了妈妈其实很关注自己，便不再失望或者嫉妒别的同学了。

5. 尽量不要拿孩子与别人对比

父母可能注意不到，在谈论其他孩子时一句无心的“婷婷越来越可爱了”，或者只是一个微笑、一个耸肩的动作，甚至抬一抬眉毛，都可能被孩子解读为“比较”。尤其是当孩子在某一方面做得不好的时候，他们更容易对那些有能力做好的孩子感到嫉妒。

有一次，青青的妈妈跟一位阿姨说，邻家女孩的卷发很可爱，可惜自己女儿的头发却是直的。没想到，第二天，青青就要求妈妈带自己去美发厅把头发烫成卷发！青青妈妈一下子就意识到是自己的评价引发了女儿的嫉妒心理，从此之后，她再也没有评价过女儿的头发，同时非常注意不拿女儿和别的孩子作无意义的比较。

6. 帮助孩子发现自己的长处

缺乏自信心的孩子总喜欢强调自己的弱点，而且那种低人一等的感觉更容易刺激他们的嫉妒心理。因此，父母必须帮助孩子建立自信，让他知道自己也有优点，也有为自己而骄傲的资本。假如孩子在画画方面有天赋，家长就应该多多鼓励。每当孩子自己解决了一个问题或者取得了一点儿进步，哪怕只是解出一道算术题，也应该让他知道爸爸妈妈注意到了，并且为他而骄傲。专家指出，当孩子为自己感到骄傲的时候，他们就更容易接受别人在某方面得到比自己更多的关注。这种自信不但可以帮助孩子克服自己的嫉妒心理，更有利于他们塑造自我，这才是真正值得别人艳羡的本领。

第六节　美国人的教子法则

教育心理学在西方流行已经有些年头了，因此如今美国的教育界人士，从教育研究人士、中小学教职员工到校外儿童组织的职工甚至志愿义工，都进修过不同程度的教育心理学课程或者受过相关职业培训。他们制定的教育方针和具体方法也都潜移默化地受到心理学的指导。

下面我们要说的这些“法则”也是根据儿童心理发展特点来制定的。对熟知少儿身心成长过程的专业教育人员来说，这些只不过是最基本的常识。在美国，就是普通家长，也会通过学校的指点或者参与儿童组织志愿服务时受到培训而掌握较为专业的教育法则。因此这些法则贯穿于美国从社会、学校到家庭的教育之中。中国家长可以根据自身的特点和需要进行有选择的借鉴。

1. 归属法则：保证孩子在健康的家庭环境中成长

这条看起来是不言而喻的，哪个家长不想给孩子创造健康环境？但实际上也不尽然，有些家长有此心却不懂如何做。比如说，过分溺爱娇惯孩子，由着孩子瞎吃，不锻炼和劳动，就是一种不健康的习惯。孩子变得好逸恶劳的罪魁祸首也是家长的怂恿。还有，家长之间有矛盾经常争吵，也是很不正常不健康的环境。

2. 希望法则：永远让孩子看到希望

家长们都是对孩子寄予希望的，但是否能做到永远用正面鼓励的话语让孩子看到希望，认为自己确实有希望呢？如果你是一位家长，爱对孩子喊“你怎么这么笨”、“这么没出息”、“你算是没指望了”之类的话语，站到孩子的立场想一想，他会看到希望吗？

3. 力量法则：永远不要与孩子斗强

成人总是比孩子有力量，无论是拼体力还是斗智能和经验，不然多吃那么多年的干粮不是白吃了？因此大人与孩子斗强本来就不平等，胜利了也不光彩。尤其是家长、老师等和孩子关系密切的成年人，不可采用与孩子赌气、硬比等方式去刺激孩子。对心理感情处于不成熟阶段的少儿来说，

这种“激将法”是不合适的。

4. 管理法则：在孩子未成年前，管束是父母的责任

“子不教，父之过”在哪里都通行。未成年的孩子自我克制能力尚不成熟，因此父母必须负起责任来管束。但这种管束应该是充满亲情、人性化、科学而理性的，不可把孩子作为私有财产来任意修理摆布；也不可采用命令式，毫不顾及和尊重孩子自己的想法和人格。

5. 声音法则：要倾听他们的声音

平等地对待孩子，给他们发言权，倾听他们的声音，他们才会说出真实思想。如果大人不尊重孩子的想法，忽视他们的心声，久而久之，他们会不敢对家长说真话，不爱与家长交流。

6. 榜样法则：言传身教对孩子的榜样作用是巨大的

“以身作则，言传身教”是放之四海而皆准的。家长检点言行极为重要，孩子的教养，多半来自生长环境的耳濡目染。家长也要注意交往的社会关系和常去的场合对孩子的影响。

7. 求同存异法则：尊重孩子对世界的看法，并尽量理解他们

孩子和成人的看法往往不同，他们会有很多不符合常规的幻想。其实这些正是童心的可爱之处，如果大人认为孩子的想法奇怪而泼冷水，会扼杀他们的想象力和好奇心，也会让他们因为得不到理解而失望。

8. 惩罚法则：这一法则容易使孩子产生逆反和报复心理，慎用

单纯的惩罚，尤其体罚，是非常负面和拙劣的教育方式，也是不文明的。但不是不可以批评，也可以采用适当的方式做些处罚，比如孩子做错了事，可以罚其几天不能看电视，但绝不能不许孩子吃饭，或者罚站数小时，打骂更是违法的。

9. 后果法则：让孩子了解其行为可能产生的后果

有时候，成人都说不清楚后果和危害，光对孩子横加指责，就无法服人。因此要教育孩子心服口服，家长、老师等成人首先得周密思考前因后果，

然后好好与孩子谈谈，晓之以理，孩子会明白的。

10. 结构法则：教孩子从小了解道德和法律的界限

在美国这样的法制社会，做到这点不算太难，法制教育融汇在社会生活和学校教育之中。孩子们从小就受到熏陶，心中都有一道道德底线和法制底线。或许有人以为美国很开放，但实际上，美国人对待道德感情、家庭责任等，都不会超越底线，也少有人因为帮亲友而腐败违法的。因为他们心中有原则，知道越界就是犯罪，不能为了迁就亲人而触犯法律。

11. 二十码法则：尊重孩子的独立倾向，与其至少保持二十码的距离

这个“二十码”是个象征，说明美国人注重从小培养孩子的独立性，给孩子留出心理空间。家长不必处处围着孩子转，你觉得是关心照顾他们，孩子们却觉得家长控制得太严。也应允许孩子保有自己的隐私，有自己的主动权和决定权。当然，家长还是要在二十码（1 码约合 0.9 米）之外注视着的。

12. 四“W”法则：任何时候都要了解孩子跟谁在一起（Who），在什么地方（Where），在干什么（What）以及在什么时候回家（When）

有些家长看起来对孩子操心管制很多，可到时候却不知道孩子的这些“W”，这可算不上好家长。只有上面所有那些法则都做好了，孩子才肯对家长说真话，家长也才能了解到这些“W”。也有些家长舍得掏钱送孩子去昂贵的私立寄宿学校，认为这是为孩子提供更好的学习成长环境。孩子能进管理严格专业的学校确是有好处，但家长也应该自问一下动机，把孩子完全托出去，是否有些图省事而把家长应负的责任推给学校的意图呢？认为有了可靠的学校来管教孩子，家长就不用操心这些“W”了。其实，教育培养孩子的过程，也是家长学习成长的过程，过早让孩子离家寄宿，家长会失去这样一段虽然辛苦却非常有意思的人生时期。即便孩子去了寄宿学校，有老师管教，家长仍然不可忘记自己的责任，要随时了解这些“W”。